O CORPO
SEU BICHO INTELIGENTE

GASPARETTO E LÚCIO MORIGI

Pelo espírito Tibirias

© 2017 por Luiz Gasparetto e Lúcio Morigi
© alexbutscom / Fotolia

Coordenadora editorial: Tânia Lins
Coordenador de comunicação: Marcio Lipari
Capa e projeto gráfico: Jaqueline Kir
Diagramação: Rafael Rojas
Preparação e revisão: Equipe Vida & Consciência

1ª edição — 3ª impressão
3.000 exemplares — maio 2021
Tiragem total: 8.000 exemplares

**CIP-BRASIL — CATALOGAÇÃO NA PUBLICAÇÃO
(SINDICATO NACIONAL DOS EDITORES DE LIVROS, RJ)**

G232c

Gasparetto, Luiz
O corpo - seu bicho inteligente / Luiz Gasparetto e Lúcio
Morigi, -- 1. ed. reimpr. -- São Paulo: Vida & Consciência, 2017.
256 p. ; 21 cm.

ISBN 978-85-7722-528-6

1. Espiritismo. 2. Bem-estar. I. Título.

17-40475 CDD: 133.9
CDU: 133.9

Todos os direitos reservados. Nenhuma parte desta edição pode ser
utilizada ou reproduzida, por qualquer forma ou meio, seja ele mecânico ou eletrônico, fotocópia, gravação etc., tampouco apropriada ou
estocada em sistema de banco de dados, sem a expressa autorização
da editora (Lei nº 5.988, de 14/12/1973).

Este livro adota as regras do novo acordo ortográfico (2009).

Vida & Consciência Editora e Distribuidora Ltda.
Rua das Oiticicas, 75 – Parque Jabaquara – São Paulo – SP – Brasil
CEP 04346-090
editora@vidaeconsciencia.com.br
www.vidaeconsciencia.com.br

SUMÁRIO

INTRODUÇÃO 5

1 - CORPO, SEU BICHO INTELIGENTE 11

2 - O BICHO SEGUE SUAS CRENÇAS E ESCOLHAS 39

3 - O BICHO PRECISA SER DOMINADO..................63

4 - A LEI DA POSSE.................................83

5 - O SISTEMA DE DEFESA 101

6 - VOCÊ NÃO É UM, MAS DOIS 121

7 - A SOMBRA SENSÓRIA............................150

8 - O BICHO SEGUE SUA POSTURA 172

9 - IMPULSOS BÁSICOS 183

10 - O TEMPERAMENTO..............................197

11 - ENTRANDO EM CONTATO COM SEU BICHO 217

12 - A MENTE OU CORPO MENTAL 239

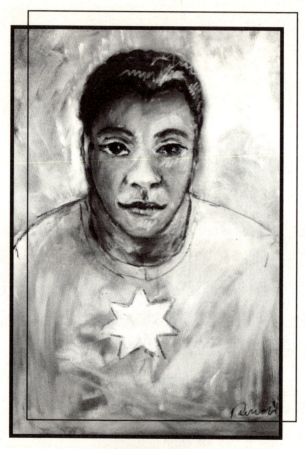

TIBIRIAS

INTRODUÇÃO

Sinto-me muito feliz e gratificado pela oportunidade de compartilhar com você valiosos ensinamentos trazidos pelo Tibirias. Já havia escrito a respeito do nosso bicho de força interior ou da inteligência corporal em *Revelação da Luz e das Sombras*, mas não tão profunda e detalhadamente como agora. Tibirias é um grande amigo espiritual, muito sábio, dotado de um conhecimento extraordinário do assunto. Como ele mesmo afirma: "Já domino meu bicho".

Sempre existimos e sempre vamos existir. Antes da vivência na matéria, cada um de nós estava na latência divina, ou seja, na parte do Criador que ainda não havia se manifestado na matéria. Em outras palavras, estava no potencial, porém, sem consciência, porque, para o espírito ter consciência é necessário que se manifeste na matéria.

Por esse motivo, Deus, Espírito Universal, Uno, Energia Cósmica, Criador, seja lá o nome que se queira dar, nos manifestou no bicho. Sem ele, nós retornaríamos à vida latente.

Assim, cada um de nós é Deus Se expressando individualmente, do mesmo modo que um animal, uma pedra, um rio, os astros, o calor, o frio, uma cor, um determinado cheiro, o ódio, a alegria, o dinheiro, a pobreza, as dores, a música, a tosse, a poesia, a saúde, a luz, as trevas, um inseto, enfim, absolutamente tudo que existe. Deus é o tudo e o nada. Por isso que Ele não trata diferentemente o ser humano de um mosquito ou de uma flor.

Os espíritos não saíram todos de uma única vez da latência divina. Uns vieram antes e outros depois e até hoje continuam saindo. É como se Deus dissesse: *ah, hoje acordei com vontade de tornar conscientes algumas fagulhas para ver como se expressam pela eternidade.*

Portanto, você é uma dessas fagulhas, é Deus Se expressando, Se conhecendo, Se vendo, Se revelando, Se sentindo de forma única na sua individualidade, em todos os universos possíveis e imagináveis. Você é Deus brincando de ser você, do seu jeito característico. Quando você ri, é Ele rindo. Quando você chora é Ele chorando. Somos todos Um, porém individuais na expressão.

Onde pretendo chegar com isso? Apenas mostrar que você é um espírito divino, e este livro trata exatamente das coisas desse espírito, mais especificamente da parte sombra dele, aqui chamada bicho, um centro de força e poder inteligente da estrutura divina em nós, responsável pela materialização, realização de suas vontades, de seus anseios, de suas crenças.

Por que chamamos de bicho? Porque ele age exatamente como um animal que precisa ser dominado, disciplinado, educado, para que trabalhe a nosso favor. Não é assim que faz o trabalhador com o cavalo chucro para desempenhar os trabalhos da fazenda? Não é assim também a base de trabalho de um adestrador de cães?

Essa inteligência anímica e instintiva foi e ainda é cultuada há muitos séculos como um animal, principalmente no xamanismo, a primeira religião humana que deu condições ao homem de interpretar a si e a vida, para lidar melhor com as forças da natureza e com a sua própria natureza.

Voltando ao passado, você vai notar que os deuses egípcios eram meio gente e meio bicho. Outros povos também utilizaram essas representações divinas. Então, nós vamos representá-lo como bicho, mas não no sentido de um ser do reino animal, como um elefante, uma onça, um jacaré, uma cobra ou outro animal que lhe venha à mente, assim como Deus não é um homem. É você.

O fato é que, representando-o como um bicho, um animal qualquer, sua mente vai projetar uma imagem com a qual você possa se relacionar com ele, porque a mente não consegue fixar-se em algo abstrato que não tenha forma.

Ele é próprio para que tenhamos sensações, que nos dê consciência de que existimos e, assim, possamos nos expressar como indivíduos. Sem ele, nada disso seria possível. Tudo o que sentiremos ou expressaremos se torna real porque temos um corpo que o torna possível.

Suas vontades são as vontades do seu espírito. O seu prazer, seu bem-estar, sua alegria é seu espírito dizendo: é por aí. Sua falta de vontade, seu desprazer, seu desconforto, suas dores é seu espírito dizendo: mude, não é por aí.

Para o bom entendimento da leitura, faz-se necessário deixar aqui alguns conceitos. São eles:

- **Espírito:** parte imaterial do nosso ser, dotado de sabedoria infinita, já que se desprendeu da essência divina e é, consequentemente, eterno.

- **Corpo astral:** é o corpo verdadeiro que permanece com o espírito. É ele que se torna físico no reencarne revestido de matéria física. Na morte, ele se desprende de seu envoltório físico e volta para sua verdadeira vida astral.

- **Eu consciente:** é o "eu" do dia a dia, quem você acha que é, aquele que está na cabeça, o eu que pensa, que escolhe, que arbitra, que observa, que relativa, que discerne, que pega as informações, que joga com as ideias, isso é assim, isso é assado, isso é, isso não é. Quando lhe fazem alguma pergunta do tipo, *quem fez isso? Quem é?* e você responde: *eu*; esse é seu eu consciente.

- **Mente ou corpo mental:** estrutura anímica de inteligência pessoal. É a mensageira de todas as partes nossas que liga tudo com tudo, senão o eu consciente, que é dono da mente não poderia se comunicar com outras partes suas ou seja, o corpo ou bicho com a alma, com o Eu superior e com o meio ambiente ou os outros.

- **EU Superior:** é o Espírito Uno em nós. Tudo é o Espírito Uno em nós, mas o EU Superior é nossa parte mais profunda Dele. É a manifestação absoluta divina no ser humano. É o EU da genialidade, do fluxo da sabedoria da vida. É o Deus em nós.

- **Alma:** parte luz do espírito. É um órgão orientador que dá sentido, que tem todos os sensos, como o senso de direção, de cor, de proporção, de tamanho, de quantidade, de matemática, de ética, de estética, de verdade, de liberdade, de humanidade, de realidade, senso de arte, de adequado, de funcional etc.

- **Ectoplasma:** substância semimaterial que liga o corpo físico ao corpo astral durante toda a vida e só se esgota durante o processo da morte. Ela é conhecida na Psicologia como 'libido'. É usada pelos espíritos desencarnados para criar os fenômenos de efeitos físicos ou materialização.

- **Bicho:** parte sombra do espírito responsável por fixar a luz, o conhecimento na matéria, por criar a realidade, enfim, por tornar algo real, por materializar nossas vontades, anseios, crenças, sejam boas ou ruins. Sem o bicho não há realidade. O bicho é o responsável por todas as funções mais importantes, como a saúde, a sensibilidade, a proteção de nossa integridade, nossos atos, nossa bioenergética, nossa comunicação, nossos instintos e a criação de nosso destino como veremos mais adiante.

Boa leitura.

1

CORPO, SEU BICHO INTELIGENTE

O seu corpo é um bicho inteligente. Cada dia torna-se mais evidente o fato de que o ser humano é dotado de vários tipos de inteligência. A inteligência corporal é uma delas. Ao admiramos um exímio jogador de futebol, de vôlei, de basquete, a beleza dos saltos dos ginastas olímpicos, fica claro que eles são gênios da inteligência corporal. Você precisa entender o seu corpo do ponto de vista terreno, os órgãos, os tecidos, mas esses órgãos e tecidos só podem existir, funcionar, coordenar-se, interagir-se, devido a uma inteligência.

Essa inteligência não está no corpo físico, porque o corpo físico é uma consequência de um segundo corpo, o corpo verdadeiro, que usamos agora e depois da morte, também chamado de corpo astral, perispírito, além de outras denominações, dependendo de quem o investigou durante a vida. O corpo astral se comporta de forma magnífica, porque ele é muito mais antigo do que se apresenta na situação de reencarne.

Por essa razão, ele tem o poder de revestir-se com uma fina película de matéria física em torno de toda sua estrutura, criando nossa contraparte física ou corpo físico. O corpo astral, por estar na dimensão astral onde a matéria é diferente, não é visto com frequência, mas sabemos de sua existência como um coordenador da vida biológica. Ele pode ser visto quando fazemos viagens astrais, quando sonhamos, quando morremos e aparecemos para os reencarnados.

Originalmente, nós pertencemos ao mundo astral. A população da Terra está no mundo astral e uma parte dela passa pelo processo de reencarne. O corpo físico é temporário. O processo de reencarne na fisicalidade é demorado e custoso até que venhamos a ser adultos independentes.

O início do reencarne ocorre no momento da ejaculação. A inteligência do corpo astral do reencarnante se liga ao óvulo da mãe através do ectoplasma dela e escolhe qual espermatozoide deseja deixar entrar. Tudo começa com a pressão magnética do ectoplasma da mãe e do pai, pois no orgasmo eles desprendem muito ectoplasma. Assim, o espírito começa a ação sobre a matéria. Enquanto o corpo astral permanece na inconsciência, o bicho faz tudo por si.

O bicho é o corpo permanente, ou seja, o corpo astral. O bicho não é do corpo físico. O corpo físico não é nada, é apenas uma película em torno do corpo astral, ou perispírito, que o bicho apenas gerencia.

Quer entender melhor? Coloque as mãos nos joelhos. O que você está sentindo não é do corpo físico. É do corpo astral. Qualquer sensação é astral. O físico não tem sensação, funciona como uma borracha que impede a sensação, para prendê-lo aqui nesta dimensão. Ele é feito nesta dimensão justamente para prender você aqui na matéria. O encarnado acha que é do corpo, mas não é.

O bicho, ou sombra, é do corpo astral e, ao entrar em contato com o espermatozoide, passa a fazer parte da linhagem da genética. Ele tem que manter um processo ali. Ele só consegue se tornar adulto a partir do momento em que passa por todas as fases de evolução do corpo físico. Um feto de três dias é igual a qualquer feto de um animal. Veja que todos os embriões são parecidos. Um feto humano de dez dias é igual ao de um jacaré e, por influência do corpo astral, ele vai se diferenciando. Um bebê e um chimpanzé são geneticamente iguais.

A semente é a mesma, o princípio é o mesmo. Eles repassam o processo antológico todinho, desde o ser unicelular no início da vida no planeta, pois tudo está interligado, porque os corpos foram feitos em fases e os seres mais adiantados têm que passar por todas elas para permitir o reencarne. Assim, é preciso reler o código genético da linhagem física que permanece para poder se reencarnar.

Dessa forma, o processo de gestação existe para o ser dominar a matéria. Como o ser humano é mais evoluído após o nascimento, precisa continuar o processo, passando por outras fases até dominar a matéria por completo e permanecer na linhagem.

E para que serve a linhagem? A linhagem dá ao reencarnante, através do sexo, a possibilidade da reencarnação, e ela não pode acabar, senão não haveria mais condições de ele vir para a matéria.

A linhagem tem que se manter dentro de uma lógica natural, e o nosso animal, que já fez isso inúmeras vezes, sabe ler e passar por essas fases, enquanto, devagarinho, vai se dando o total ligamento do astral no físico.

Diferentemente do que se acredita, o processo de reencarne só termina após a puberdade, quando a sexualidade encerra o processo de desenvolvimento por inteiro, chamado de desenvolvimento psicofísico.

A partir daí cada indivíduo assume sua própria personalidade, seu próprio temperamento e, do ponto de vista da espiritualidade, já é considerado adulto, com responsabilidades. O espírito só se dá conta que está aqui após essa fase. Por isso a pessoa muda tanto, experimentando crises intensas.

Em torno dos treze anos de idade, o indivíduo já tem total consciência de si. Daí para a frente você é considerado absolutamente adulto. Nas tradições indígenas, a menina que menstrua já pode tudo, porque a maturidade chegou. De acordo com a lei judaica, por exemplo, quando um judeu atinge a sua maturidade [aos 12 anos de idade, mais um dia para as meninas; aos 13 anos e um dia para os rapazes], torna-se responsável pelos seus atos.

Portanto, quem começa o processo de reencarne é o bicho que, primeiro cria vínculo, afinidade, liga-se com o casal, depois inicia uma conexão com o útero da mãe; em seguida, participa ativamente do ato sexual. Muitas mulheres, nesse momento, têm certeza de que engravidaram. As conscientes afirmam: "Estou grávida". E, mesmo que tenham feito sexo com outro parceiro, num curto espaço de tempo, sabem quem é o pai. As distraídas, não.

Quando o processo da reencarnação está para ocorrer, o candidato, ainda no astral, começa a se sentir meio estranho, mas já foi. O bicho vai sozinho. A pessoa já começa a sentir umas sensações diferentes. Primeiro, sente um cansaço, fica sonolenta, não se interessa por nada e, às vezes, é acometida de tédio, desânimo e até tontura e enjoo.

Fica meio desorientada, perdida. Imediatamente o bicho começa a agir.

Nos raros casos em que a pessoa tem consciência, poderá querer interromper o processo. Caso o ato sexual já tenha sido consumado, o reencarnante obsidia a mãe para abortar. Por isso a mãe, embora não saiba, não é culpada pelo aborto. Claro que, na ignorância dela, vai responder por isso, mas se estiver convicta de que fez a coisa certa, nada vai sofrer e ninguém vai cobrar nada dela. Ninguém cobra da mãe culposa, a não ser ela própria, pois tem uma crença, segundo a qual, quem deve precisa pagar. Nos abortos espontâneos, o próprio espírito opta por interferir no processo, geralmente por medo de não conseguir suportar as agruras que terá de enfrentar na matéria.

Às vezes, quando o indivíduo é mais consciente, bate a dúvida e um certo temor de se reencarnar, pode conversar com outros mais experientes, com os próprios guias que o aconselham a aproveitar a oportunidade maravilhosa que está tendo para sua evolução espiritual, caso reencarne.

Por conta disso, muitos vão de boa vontade, outros não. Os que vão contra a vontade é porque o bicho sabe que a pessoa precisa esquecer para poder superar o passado que está atravancando seu desenvolvimento e sua evolução. Dessa forma, a pessoa precisa adquirir um novo cérebro para, temporariamente, esquecer as vidas anteriores, facilitando tremendamente seu processo evolutivo. Por isso que a reencarnação é uma bênção.

É preciso saber que o bicho é uma inteligência que está conosco há muitos séculos e que vem evoluindo em suas capacidades. Embora seja sempre submisso ao eu consciente e, por isso, sempre pronto para acatar suas ordens, ele não mente. É sempre puro e honesto, porém sua inteligência é processual pois não possui livre-arbítrio e é incapaz de fazer deduções lógicas e filosóficas. Ele tem um discernimento aguçado, e reconhece a sequência de processo que se inter-relacionam; é por esse motivo que sabe fazer tudo como um cão que aprendeu com o dono a responder a toques e palavras de comando.

No entanto, o bicho sabe o que é bom e mau para nós pois pode discernir o que ajuda o seu processo de saúde ou não. Infelizmente, ele pode aprender errado, pois é exposto a condicionamentos que nem sempre são positivos pela ação de nossa influência.

Assim, criamos vícios e comportamentos mórbidos que lhe são impostos que, com o tempo, criam lesões, porque o bicho não tem como deletar o que nós nos imprimimos.

Quando o bicho quer, não há como detê-lo. Pense assim: a pessoa começa a fazer muita coisa

errada contra si, contra sua estrutura, sua individualidade, guardando muito ressentimento e mágoas;
isso é terrível para o bicho, pois ele tem que digerir
toda essa negatividade para garantir a saúde do
corpo.

Nessa situação, durante o sono, ele procura
compensar ou eliminar o negativismo. Contudo, ao
acordar, a pessoa volta aos mesmos comportamentos anteriores e, quando se enche de negativismo, ela diz que perdoou mas, a bem da verdade,
enterrou tudo no subconsciente.

Uma pessoa que se magoa é 'magoável' e vai
criar mais mágoas que se acumularão umas sobre
as outras, tornando a questão insuportável para o
bicho. Diante de tal situação, ele tenta chamar a
atenção do eu consciente, informando-o que há muito material negativo ameaçando a integridade do
corpo e somatiza um câncer.

A pessoa começa a se torturar muito com o
passado e não anda, não atende às necessidades
de renovação; o bicho só quer que ela perceba que
está muito fora de si. Daí vem a esclerose, o mal
de Alzheimer, a demência, para que ela expresse
o que vem acumulando. Como ele tem que preservar o sistema a qualquer custo, vai deixar a cabeça
sem controle.

Há casos em que morrer é uma boa saída para
o bicho, principalmente quando enfrenta situações

muito difíceis, pois, fora da matéria, ele tem melhores condições de sanar o problema.

O sono acontece no momento em que o corpo astral deixa temporariamente a contraparte física. Como somos originalmente seres astrais não conseguimos ficar no físico por muitas horas consecutivas. Por isso temos necessidade de dormir, ou seja, deixar o corpo físico e voltar para o astral para nos refazermos.

O mesmo ocorre no processo da reencarnação, tudo em nome da preservação dele e da evolução. Não vai por bem, vai por mal. Se a cabeça não ajudar, ele, sozinho, vai procurar o reencarne, para a pessoa largar tudo, esquecer e começar de novo. No entanto, as consequências das crenças e atitudes do passado vêm junto e influenciarão a nova vida na matéria, tanto para o lado bom, como para o ruim, porque o bicho não pode tirar o que a pessoa acumulou lá no inconsciente. É por esse motivo que cada um é cem por cento responsável por tudo de bom ou de ruim que acontece na sua vida. Não importa se é adulto ou criança, porque o espírito não tem idade. Só a pessoa é que tem condições de tirar o que pôs lá.

Ao reencarnarmos, nossas lembranças dos fatos e seus detalhes são apagadas. Todavia, o conjunto de crenças e valores que adquirimos fica intacto. Deste modo, qualquer estímulo em nossa infância pode trazer à tona parte ou todo este conjunto.

Um exemplo. O filho quer brincar na rua e a mãe o proíbe porque ele precisa fazer a lição de casa. Se a criança traz um complexo de desamor criado em outras vidas, poderá ser o suficiente para ela concluir que a mãe não a ama e reativar o problema do passado. A mãe explica o porquê da proibição e ela pode decidir sair do complexo ou continuar alimentando-o.

Se a criança entrar nessa postura positiva, decidir sair do complexo, vai deixar o passado e ficar bem, mas, se ignorar, vai se tornar cada vez mais revoltada, mais ruim e vai pegar o caminho de prova, mostrando que tudo sempre está na medida certa. O bicho age na medida justinha.

Alguém sugere para a mãe: Ah, vai no psicólogo. E o psicólogo diagnostica: É, ele se traumatizou. Não, criança não se traumatizou. Já trouxe esse problema do passado, já nasceu com isso. Tem gente que apanhou, passou coisas terríveis e nem ligou e tem outros que dão importância para qualquer coisinha porque foram superprotegidos ou mimados.

O que acontece é que, à medida que cresce, você vai, aos poucos, tomando posse de si, tendo novas chances para mudar crenças e posturas antigas e manter seu bem-estar. Por isso, sempre que faz algo ruim contra si próprio, o bicho produz sensações negativas lhe dizendo que o que você está produzindo mentalmente é nocivo. O contrário também ocorre, ou seja, quando faz algo bom para si, o bicho produz sensações boas no seu corpo.

É assim com todo mundo. Se você afirmar: "O dinheiro é difícil, sou pobre, não tenho dinheiro, falta tudo, é difícil juntar dinheiro", o bicho produzirá sensações ruins para você parar com esse tipo de pensamento, mas, se você insistir nessa postura, o bicho vai assimilar como algo bom para você; portanto, quanto mais você afirmar coisas negativas relacionadas ao dinheiro, mais o bicho fará para que você fique pobre ou se mantenha na faixa da pobreza, do aperto financeiro.

Quem já tem a riqueza do passado e nasce, às vezes, em um lar em que as coisas não vão bem financeiramente, vai ter uma postura diferente: "Ah, não! Eu não vou ser como o pessoal aqui de casa. Vou ser igual aquele tio rico. Vou ser alguém na vida".

E consegue. Sabe por quê? Quando você crê, seu bicho vai fazer sua realidade do jeito como você crê. Se acreditou no bem, ele faz uma realidade nova, maravilhosa e você só ganha na vida. Apesar disso, vivendo a realidade que criamos, passamos por situações muitas vezes difíceis e um dia mudamos nossas crenças e aprendemos com nossos fracassos, porque a vida sempre nos dá chances de mudar, principalmente nos fazendo conviver com pessoas ricas para que possamos aprender como se faz para prosperar.

Diante disso, percebemos que não tem perdição, só há caminhos, porque a vida regula perfeitamente aquilo que ela quer em nós, onde nós participamos ativamente no nosso destino, sempre na execução daquilo que cremos.

Você precisa entender que o crer não é apenas acreditar no sentido de achar que é assim, que é assado, pensar assim, pensar assado. Isso é coisa da cabeça. O bicho não liga para a cabeça. Agora, quando você acredita realmente em algo, e esse acreditar é aquele sentir no corpo inteiro, aí, literalmente, o bicho pega.

Se você tiver vergonha porque é pobre, pronto! Ele produz pobreza à sua volta. Quando você se sente rico de corpo inteiro, bacana, atraente, maneiro, ele acolhe. Só afirmar, não basta. Tem que afirmar sentindo no corpo inteiro, como se você já estivesse lá, vivendo aquilo, não importa a situação do momento.

O bicho reage pelo sentir e não pelo pensar, porque bicho é sensação, é corpo, é uma máquina energética extraordinária. Ele vibra e joga no ambiente e se liga só no que é de rico. Não importa se o indivíduo mora numa favela. Está cheio de casos de pessoas ricas e famosas que saíram de lugares miseráveis. É que elas tinham uma postura interior diferenciada das demais.

Naturalmente, ninguém pode conter o espírito. Se nasceu naquele lugar pobre, precisava aprender coisas simples. Você veja, por exemplo, o Pelé. Ele ficou mundialmente famoso, rico, teve tudo que queria, mas sempre andou na disciplina, no trabalho. Nunca se meteu em escândalo, embora tivesse de aprender a lidar com a fama. Não tinha muita escolaridade, não tinha muita coisa, mas se manteve direito na vida dele.

Até hoje é um homem que sabe seu lugar, enfim, tem uma simplicidade, uma humildade e mantém o negócio dele. Na cabeça dele sempre foi rei. Quantos e quantos jogadores não nasceram em condições melhores que ele e estão na penúria?

Por que ele se tornou isso tudo? Porque o bicho dele é um gênio. Não foi brilhar em escolaridade, mas foi ser bem-sucedido como esportista. O esportista tem, por natureza, um bicho excepcional. E o que Pelé fazia na sua época era uma coisa extraordinária e o povo perguntava: Como é que consegue? Mas, nem ele sabia. Era uma coisa dele, do bicho dele. Ele soltava, se concentrava e o bicho ia. Todo bom atleta sempre tem o bicho a seu favor.

Quantos não quiseram levar o Pelé na conversa? No entanto, ele mantinha-se em seu caminho porque seguia o instinto. Instinto é o bicho vendo o que não podemos ver. Tinha o faro, enxergava na frente, mesmo garoto. Porque o bicho dele já viveu muito e o instinto manifesta sua sabedoria.

Todo mundo tem instinto, mas corrompe a cabeça para fazer o bonitinho, o lindinho para o mundo e se arrebenta inteiro, porque só quem escuta o instinto não é enganado em nada.

Claro, que se ele tivesse mais escolaridade, poderia até perceber que seu universo é muito pequeno perto do que poderia obter. Mas, por outro lado, é como um antigo ditado diz: muita gramática e pouca prática, ou seja, muita informação faz mal. É melhor ter pouca e bem direcionada do que muita e espalhada.

Veja o seu caso, quanta coisa que lhe ensinaram na escola que não serviu para nada? Só atrapalhou, teve que jogar e procurar tudo no seu caminho, não foi?

É evidente que, se foram passadas informações técnicas para um engenheiro, um biólogo, um cientista, ótimo, o seu bicho já estava em ação, absorvendo os ensinamentos. Ele gostava daquilo e dispensava o resto que não lhe interessava. Essa coisa moral, sistemática, excesso de metodologia e informação, ideologias, muito pouco na realidade da vida e do cotidiano, é terrível. Só atrapalha.

Quantas pessoas, praticamente analfabetas, ficaram podres de ricas? É o faro, é o bicho, é o instinto. Estavam na coisa delas. "Mas, você é louco de fazer isso!", e o indivíduo, nem aí. Não escutava ninguém, mais teimoso que uma mula manca.

Não, ele confiou no instinto. Não deu e não dá a mínima para o que os outros vão falar. Não deixa ser levado na conversa. Tem a convicção daquilo e o bicho vai buscar tudo.

A maioria dos imigrantes que foi bem-sucedida, principalmente no século passado, era assim. Chegaram ao Brasil só com a cara e a coragem, sem dinheiro, porque fugiram de crise, guerra, fome, e alguns tornaram-se grandes empresários. Como se explica isso, se o outro, até da mesma família, continuou na pobreza? Porque ele não seguiu seu instinto, seu bicho.

Tem gente que confia tanto no próprio bicho que bate o olho no outro e diz: "Esse aí não presta. Não gostei. Ele é falso". E querem saber: "Como você sabe? Nossa! Você só pensa mal das pessoas!". Dito e feito. Não demora e o outro apronta. Aí, vão dizer: "Que boca, hein?".

Não é boca. É instinto. Todo mundo tem, mas corrompe a cabeça para fazer o lindinho para o mundo. Acha que é maldade, que é besteira e não escuta o instinto, entra nas ilusões e se arrebenta inteiro, porque quem escuta o instinto, nunca é enganado e consegue as coisas que quer.

As coisas da vida que constroem realmente são as que envolvem o bicho. O conhecimento que o indivíduo aplica, seja ele filosófico, matemático, técnico, não fica na cabeça. Vai para o que conhecemos como corpo, mas, na verdade, é o corpo astral, porque é este que sente, move os poderes anímicos do bicho e cria. Criar é tornar real o que antes era apenas uma ideia.

O ser humano é uma máquina de produzir ideias na realidade. As trevas é que o enchem de porcaria para tornar-se um robô delas e acreditar que depende dos outros, quando, na verdade, é trabalho do homem criar sua vida e seu destino.

Que diferença faz ter essa nova percepção de consciência? Faz toda a diferença! Daqui para frente, ela vai exercer grande influência na consciência da humanidade, já em processo de transformação neste século. É exatamente a consciência de que você é o autor do seu destino.

Mas, como é que você faz? Você pode ter uma ideia ou até um anseio, uma vontade que vem lá do fundo da sua alma de ser, de fazer, de tornar real. Como é que você faz para a ideia virar realidade?

Você a assume no corpo. EU SOU, para o corpo, que é o próprio bicho, que é a parte sombra do espírito responsável pela materialização, fazer aquilo presente. Só o presente é real. "Eu sou rico, eu sou uma pessoa rica e eu não vou ficar nessa pobreza. Eu não aceito nada disso porque não é para mim". Aí, você começa a viver interiormente o anseio. Começa a vibrar, vibrar, vibrar no corpo, porque bicho é uma poderosa máquina de criar vibrações e elas interferem no mundo material criando alterações a seu favor.

A lei da vibração se espalha pelo ambiente e se conecta com seus afins, os ricos e os meios dos ricos, sejam os que só fazem riqueza como também aqueles que a expressam de várias formas, porque a riqueza não é só dinheiro físico. A riqueza é também de ideias, de conhecimento, de humor, de saúde, de relacionamentos, é tudo que agrada a alma.

A riqueza de uma boa ideia, por exemplo, não tem preço. Pode atingir toda a humanidade e, por consequência, reverter em riqueza financeira. Não é assim com jovens empreendedores que, em pouco tempo, se transformam em bilionários, porque tiveram a ideia de criar um aplicativo que facilita a vida de todos?

Conforme você começa a se ligar nessa faixa que tomou para si, vai se interessar pelas coisas que lhe fazem sentido, não só as coisas o chamam, como vai passar a chamá-las, porque a onda atrai tudo que está em torno dessa faixa.

O mesmo ocorre com a negatividade. Se você se sente um pobre coitado, desgraçado, infeliz e feio, que não é afortunado, vai apropriar-se da faixa dos que vibram nessa frequência, por conseguinte, terá uma vida similar. Nós, os desencarnados, conhecemos muito bem essa situação.

O indivíduo, às vezes, está aí numa condição tal, nasceu em um lar pobre, para ter a possibilidade de certas conquistas de que ele precisa. No entanto, nas lições de que ele necessita, aprendendo a se valorizar, reconhece, por exemplo, o amor da mãe, o esforço do pai; ao mesmo tempo sabe que aquela vida dura, aquela realidade econômica não lhe diz respeito.

Em vez de se afetar, cultiva a crença segundo a qual aquilo não é para ele: "Não, um dia eu vou chegar lá, como chegou aquele tio ricaço". Pronto! Começa a traçar seu destino. "Não, porque vou ter um carro assim, uma casa assim, vou viajar pelo mundo". Põe aquilo na cabeça e não se impressiona com a atual condição de pobreza. Nem liga para os pais que vão falar que isso é besteira.

Quando sai um pouco, vai para o bairro dos ricos, para as lojas finas, fica se impressionando com tudo, respirando aquele ar, olhando, absorvendo aquele ambiente, se compraz e aquela energia vai crescendo nele e, quando se intensifica, começa a causar efeito. Então, a professora se encanta com ele, dá a ele um presente, o outro oferece dinheiro para ajudá-lo, e assim começa a riqueza dele.

Percebendo que, se ele se pôr a serviço tem chance de ganhar, então, já começa a entrar nisso. Nas horas vagas vai lá ajudar na porta do supermercado, começa a se relacionar com pessoas, a pensar nisso, naquilo, pronto! Daí para frente ninguém o segura. Com quinze anos já está com tudo, na frente dos amigos. Com vinte e cinco, paga escola para os irmãos, com trinta já compra uma casa para os pais e a família já depende dele. O processo também foi e é assim também para muitas mulheres. Ela, primeiro acreditou que o bem, o melhor era para ela. Quando as coisas faltavam, ela dizia: "Tenha calma, isso vai acabar e tudo vai melhorar". E não reclamava, não desanimava, e acabou por mudar financeiramente toda a vida da família, inclusive no comportamento.

Muitas vezes, nós começamos a nos positivar para mudar nossa sorte, mas no meio do caminho queremos mudar os outros pois nossa vaidade quer mostrar aos outros que somos muito bons e deixamos a realidade dos outros nos afetar.

Por isso, perdemos o foco em nós e depositamos nos outros, passando para o bicho a mensagem de que ele deve ajudar o outro e não mais a gente. Aí, perdemos a nossa prosperidade.

A tentação está lhe rondando vinte e quatro horas por dia, mas, às vezes, você não é tão forte como pensa que é, embora saiba de certas coisas. Então, perceba que a prova da manutenção é mais forte do que você simplesmente dizer: "É, sou; é, acabou!". Será preciso que você enfrente a sedução negativa dos outros e não perca o ânimo.

Mas, se você se mantiver na sua, permanecer na sua firmeza interior, vai conseguir seu intento. É nessas horas que se mostra a firmeza do indivíduo. Quem tem, chega. Não importam as condições, se é uma cura, a parte financeira, a carreira, a parte de realização de qualquer projeto ou sonho, chega. A vida não nega, não tira, é você quem entrega sua sorte para os outros.

Deus não se intromete. Ele deu a você o poder de fazer isso, de escolher, manter, acreditar, colocar, vibrar e dirigir suas habilidades. Tudo está em suas mãos e não nas Dele, porque se você vacilar, a coisa não vai. Essa é a grande generosidade divina. Deus lhe dá os instrumentos e, em se tratando de ajuda divina, de qualquer força do universo ou dos desencarnados, só poderá funcionar para quem vibra na frequência dessas forças.

Diante disso, Deus não faz para você, Deus faz através de você.

Por exemplo, se uma pessoa na sua própria devoção, na sua crença de que com Jesus tudo consegue, ou que Nossa Senhora Aparecida faz milagre, que o Anjo a protege, se mantém naquela sua fé inquebrantável, consegue, sim, verdadeiros milagres. Não foram os seres espirituais que fizeram por ela, mas a manutenção firme de sua postura interior.

Para ela, não tem conversa, não tem dúvida. É assim e pronto! Não há argumento, ninguém conseguirá convencê-la do contrário. Isso vale para todos os tipos de indivíduos, não importa se for trabalhador, bandido, intelectual, analfabeto, religioso. É o tipo de pessoa que não está nem aí para o que o povo diz: "Não, porque é ignorante, porque é fanático, porque é radical".

Se você chegar perto de uma pessoa assim e conversar, estudar, analisar o processo dela, vai ver que não tem nada a ver com religião. É porque lá na igreja dela tem uma cruz, uma santa, que faz conexão com o espiritual dela. Pode até fazer suas preces em casa, como deve fazer, mas é lá na igreja, naquele altar, naquele cantinho que se habituou a praticar sua fé.

Não é assim com os nativos que consideram tal pedra, tal montanha sagradas? Então, o que é o trabalho espiritual? É o trabalho de dentro, interior.

Essas rezas, orações, são uma magia que a pessoa desenvolveu, ativando o poder do seu bicho, a fé no melhor, no maior, porque, quando ela peneira, é o Cristo que está ali. Cristo mora nela e ela é o Cristo, e o mal não tem chance nenhuma com ela. Por conta disso, elabora um sistema de defesa extraordinário. É mais uma benesse divina, como se dizia antigamente, uma graça divina. Não só de defesa, como de abundância, do banquete divino, como disse Cristo.

Aqui no Ocidente a benesse divina é uma linguagem cristã, mas dão a ela outros nomes nas diversas culturas e religiões, porém, trata-se da mesma coisa. Tem a mesma relação psicoespiritual, causando o mesmo fenômeno. Isso leva o indivíduo ao contato com as forças superiores e aí faz aquela fusão que funciona como egrégora, que vibra constantemente, principalmente se for alimentada todos os dias. Não há trevas que entrem.

Por isso essas pessoas, quando necessitam de cura, vão a esses santuários, como o de Aparecida e, envolvidas pela egrégora do lugar, conseguem o milagre. Mas, no fundo, é tudo coisa do bicho delas que aprendeu daquela maneira.

Tudo se liga. A chave é esse contato com nosso mecanismo interior que move nossas energias que chamam de bicho, uma maneira brasileira bem simples de dizer e ativar os poderes da inteligência corporal. O que move tudo é quando essa crença se torna tão forte que vibra no corpo e arrepia.

Não importa se isso não é a realidade externa atual, porque para mudá-la tem que começar uma mudança por dentro. A realidade externa já foi o resultado de uma crença anterior. Não há como mexer na realidade externa para transformá-la. É preciso transformar, mexer na crença, na causa que está dentro. Se você começar a vibrar na sua crença, na sua afirmação, mas não tem dinheiro: "sou rico, sou rico, sou rico", o bicho sente aquilo como verdade e transforma a sua realidade.

Quando a pessoa tem essa energia de boa vontade, se interessa, tem propostas maravilhosas, está disposta a tudo, quer trabalhar, dar o melhor de si, de forma simples, humilde, o que acontece? Por intermédio da conexão dos bichos de gente que está à procura de alguém como você, os bichos os unem fazendo acontecer para vocês dois. É dessa forma que funciona a lei da atração.

Ao permanecer na vibração dessa energia, abrem-se os caminhos, como se você fizesse conexão instantânea com o universo. É bem capaz das pessoas virem procurá-lo na sua casa. Não pense que isso é uma dádiva de Deus. É o trabalho que você faz e as pessoas precisam de você mesmo. Você apenas está vibrando na frequência dos que precisam do seu trabalho. Se acabar seu interesse, continue vibrando que aparecem as próximas, assim por diante.

Da mesma forma acontece no campo afetivo, um dos campos mais problemáticos do ser humano devido às derrotas e fracassos tão comumente experienciados, com marcas negativas profundas, em virtude da ignorância que impera nessa área, carregada de sonhos, ideais, fantasias e ilusões a respeito.

Todavia, se a pessoa estiver cansada de tudo, e fizer uma experiência com novas crenças e atitudes, na vibração do bicho, deixando de lado as bobagens que aprendeu sobre o amor, imaginando que encontrou alguém na vida que lhe é afim, que conhece há quinhentos anos, positivo e íntegro, tão cheio de coisas boas como ela, que já faz parte da sua vida, naquela firmeza interior, ela consegue, porque o bicho manda buscar.

Essa energia do 'já tenho' se espalha e faz o contato com as pessoas afins que também estão se sentido sós, e os bichos se encarregam de fazer o cruzamento das vidas.

Quem é que tem os melhores relacionamentos? Quem nunca pensou muito a respeito do assunto, porque sabia que ia ter. "Não, eu sempre confiei, filhos bons, marido ótimo". Confiou? Como é esse negócio de 'confiou'? Como é esse tipo de pessoa? Confiar vem do Latim 'confidere', acreditar plenamente, com firmeza, formada por 'com' mais 'fidere', acreditar, crer, que deriva de 'fides', fé.

Esse é um assunto a ser estudado, pesquisado, porque se você um dia quiser uma coisa assim, precisa estudar com quem tem e não com quem não tem e, então, vai perceber como é a pessoa por dentro e, dessa forma, poderá chegar lá. Quem já sabe, veste, toma para si, põe que aquilo é para ela, não quer saber se é verdade ou não, não fica em questionamentos. Pega e faz.

O que você quer? Gostaria, aí no peito, do quê? Muito bem. Assuma. Não procure, porque quem tem não procura, não faz nada. "Ah, mas não vou fazer nada para acontecer?". Não. Lá fora, nada. Quem tem, não precisa fazer, porque vem. Quem faz é o bicho. Você só precisa ficar firme em sua postura interior e confiar.

Infelizmente, as pessoas deixam a cabeça interferir. Cabeça é a contradição. Cabeça não tem nada. Ela guarda o que aprendeu e experienciou. O bicho não quer saber disso. Bicho não pensa. Bicho sente. Quando a cabeça entra, ele sai. É fácil notar. Não demora muito e a cabeça já vem com as perturbações: porque sou feio, porque desprezei aquela, sou ruim, não mereço, é difícil. Já entra na maldade, nas tentações.

Pronto! Muitos se põem nisso para se defender de algum perigo imaginário e o bicho cai fora e deixa a dor no lugar em que sempre esteve. A cabeça corta a corrente positiva que estava se formando.

A tentação é uma verdade. Não tem frase mais importante do 'pai-nosso' quando diz: não nos deixeis cair em tentação, mas livrai-nos do mal, amém. Não só é um grande postulado cristão, como de toda humanidade, de qualquer raça, de qualquer cultura, de qualquer religião, porque a tendência do ser humano é de ser levado por tentações, ilusões, maldades.

Pior que não ter o que gostaria é ter a ilusão, porque toda ilusão é um mal. Ela sempre leva de você o que poderia ser seu. Então, quando você quer mudar sua vida para melhor, precisa sair da ilusão, tem que se livrar do mal e se posicionar no bem.

Aquela coisa secreta em você, em mim, digo secreta porque você fala, eu falo e já começa a se dissolver. Secreta porque é, sou, e é só para mim. Uma coisa muito íntima. E é só quando isso vibra, vibra, que o bicho cria a situação. Eu sei disso porque, por meio de minhas experiências, vivências e estudos, já aprendi a dominar meu bicho.

Sou um especialista e estudioso do assunto. Por essa razão, falo com toda convicção que é assim que funciona e é assim em todo o universo. Pude constatar esse fato por ocasião de minha visita a Urânia recentemente. Urânia pertence a uma outra dimensão, de um universo paralelo. Devido a meus méritos, me concederam essa viagem e, além de ser uma viagem de férias, aproveitei para aprofundar meus estudos a respeito do nosso bicho interior.

Em termos de evolução espiritual, científica e tecnológica, esse planeta está cerca de trezentos anos à frente da Terra. Você não faz a mínima ideia do que vi por lá. Mas, isso não é assunto para este livro, mesmo porque seria necessário o dobro de páginas para eu relatar tudo.

O importante é você perceber que em todo o universo, quando se trata de criação consciente, é assim que o bicho funciona. Ou melhor, mesmo sem ter consciência, é assim que você está criando sua realidade.

Esse é o jeito que Deus nos deu de construir o nosso caminho. A evolução vai seguindo, mas o modo como ela vai, somos nós que vamos escolher. Vai com pobreza ou vai com riqueza? Vai com amigos ou na solidão? Vai com amor ou pelo ódio? Vai mais fácil ou mais difícil? Vai se atropelando ou mais leve? Tudo isso é escolha.

No nosso destino, não é a vontade de Deus que manda, é a nossa. Deus concedeu o livre-arbítrio justamente para que fosse de nossa responsabilidade o caminho, tanto é que Ele só faz quando nós damos condições.

Se você quiser alguma coisa de Deus, Ele diz: perdoe seu inimigo, seja bom, seja positivo, isso é, dê as condições para que as forças divinas possam penetrar. Se não der, as forças do mal penetram em você. Ora, esse trabalho é você quem dirige, é responsabilidade sua. As benesses divinas só vão para quem cultiva o bem e o mantém.

Essa é a lei tal qual Ele a fez, mas se você estiver na maldade, seu bicho vai aceitar que tem que ser por ali e faz um mau caminho, ou seja, quando você faz coisas muito ruins consigo, tipo se criticar, se condenar, se culpar, se magoar, se desvalorizar, usar a raiva desgovernada, não respeitar sua individualidade, ele responde com doenças, com companhias ruins, com pobreza, com agressões, com violência, com faltas.

Se você não deixar o ódio crescer e se valer da inteligência para utilizar essa mesma força, não em forma de ódio, mas em forma de coragem, firmeza, domínio, "isso aqui não vai me vencer", você o usa bem direcionado, então vira uma bênção e você constrói coisas positivas na sua vida.

Deus lhe deu as condições. Ele sabe que você está errado, que o erro tem consequência e que a consequência vai ensiná-lo. Então, deixa e você vai. Se for por aqui, é assim, se você for por lá, é assado. Com o tempo, seu arbítrio vai aprender a escolher o que é bom para você, porque cada um é um. Tem que escolher no dia a dia o que é certo, melhor para você. Deus quer que sejamos autossuficientes.

Ele pôs em nós a aprendizagem que segue de acordo com a nossa individualidade. Não fica em cima dando palpite como o povo pensa. Ele sabe que vamos crescer e ter discernimento, porque a vivência é que realmente molda e faz despertar os tesouros que Ele colocou em nós.

As graças estão aí, mas você precisa dar as condições para poder captá-las, senão vai captar as trevas do mal. Se você estiver sintonizado vai conseguir e precisa ser neste mundo mesmo, porque você veio para a matéria para lidar com ela e usufruir dela tudo o que há de bom, caso contrário, não teria se encarnado no mundo material.

2

O BICHO SEGUE SUAS CRENÇAS E ESCOLHAS

O corpo astral tem a sabedoria. Ele já fez o processo de reencarne e morte várias vezes e, nessas experiências foi acumulando sabedoria. Ele tem poderes extraordinários que possibilitam o processo de reencarnação. É ele quem coordena a morte, o retorno, que faz a readaptação na matéria física, ou seja, é de uma adaptabilidade imensa; nós estamos nele há muitos séculos e tudo isso tem uma origem muito antiga.

Para compreendermos essa origem, temos que entender a natureza orgânica em todos os níveis. Seja na terra física, na terra astral ou em outros mundos, ela se organiza por meio do agrupamento de seres.

Tudo veio de agrupamento de seres. A ciência reconhece que havia primeiro seres unicelulares que se juntaram para fazer colônias e, depois, para que essas colônias tivessem sucesso, iniciou-se uma distribuição de tarefas onde uma fazia a procriação, outra a alimentação, outra a respiração, a locomoção, assim por diante, até surgir a ideia de organismo.

Nesse período, ocorreu que o somatório das individualidades das colônias fez por abdicar das independências individuais em benefício da organização e do poder de sobrevivência que teriam e de muitos outros aspectos na lei da seleção e da evolução das espécies.

O consenso dessas colônias gerou um avanço significativo, com uma estrutura mais complexa, sempre comportando um centro que as dominava e, portanto, passando a ter o poder sobre elas.

Esses centros têm sua origem no astral. Trata-se de seres astrais mais sofisticados. Enquanto havia seres unicelulares, também havia uma parte desses seres astrais no mundo físico. Quando os seres unicelulares se juntaram foi porque um outro ser astral os juntou em colônias, até formarem um organismo em condições de poder reencarnar nele. E assim foi se desenvolvendo a evolução das espécies.

Logo após a separação entre hominídeos e primatas, o ser humano já contou com toda essa gama de conhecimento que foi se acumulando desde o ser unicelular. Já veio com os instintos que são o conhecimento passado através da força que vocês chamam de genética e nós chamamos de força intercelular, que é a capacidade de passar inteligência e de mantê-la em si.

Note que toda a evolução na Terra é movida pela parte astral. Num conceito cósmico, a produção de seres é uma questão imensa e parece que o próprio universo, Inteligência Divina ou Inteligência da Natureza, como queira chamar, vem trazendo à tona gônadas, ou essências, ou espíritos, ou a essência do ser, ou espíritos dos seres, que sempre existiram na latência divina e querem se manifestar, sendo uma característica sofisticada do universo e da vida.

Na medida que novos seres saem dessa latência para a vivência na matéria, já vêm mais evoluídos, porque aqueles que vieram primeiro, se organizaram, então todo aprendizado é passado para os novos e esses, por sua vez, promovem uma transformação beneficente para todos os seres.

Por esse motivo, você é não só física, mas, astralmente, uma colônia sofisticada que encontrou quando saiu da latência. Você veio morar no corpo físico e astral e, além disso, trouxe consigo uma série de capacidades para essa estrutura que se moderniza e avança com as suas qualidades, faculdades e habilidades, até chegar num ponto. Quando estiver no limite delas, você vai habitar outros corpos.

A qualidade do nosso potencial eterno e a qualidade do que está vindo agora, faz com que todo

41

universo cresça e progrida. Daí que, quanto mais se avança no tempo, não é bem o tempo, mas a expansão do universo, mais seres potentes podem se destacar do estado latente para o estado manifestante, na vivência, na existência. Existir, sempre existiram, só que não viviam, não se manifestavam, não agiam.

Assim, conforme o processo vai crescendo, se ampliando, os bichos, os animais interiores individuais vão se acumulando em colônias, e outros seres mais evoluídos que saem da latência vão se apoderando da colônia.

Ora, tudo isso é muito grande, muito maior do que você possa imaginar. Juntar seres evoluídos que se aglomeram para formar outros seres ainda maiores, e mesmo assim não perder a consciência individual, é algo que a mente humana não consegue captar.

A estrutura do universo é complexa. No entanto, o que você pode tirar para o dia a dia é que você habita um animal muito antigo, muito poderoso e muito mais inteligente que você. O fato é que a inteligência chamada animal, ou instintiva, não é vista pela maioria das pessoas da Terra como mais inteligente que elas, na medida que nossa inteligência de hospedeiro tem uma dinâmica muito diferente, com uma capacidade de extrapolar o conhecimento, a descoberta, sendo cheia de talentos e tudo mais.

Sua estrutura não pode existir sem a inteligência do bicho, do corpo que você habita. Aliás, foi esta inteligência que o estruturou. Você pode largar tudo aí, morrer, vir para o astral, porque não há outro lugar para ir, mas continua vivendo dentro de um corpo que é o corpo astral. Você não pode ficar sem ele. É uma associação que vai demorar muito para você se desfazer e, quando isso ocorrer, outros seres se apropriarão desse material juntamente com todo o aprendizado nele contido.

Depende da extensão de sua capacidade de conquista e também de qual parte do universo você vai deixar o corpo e se juntar a outros num processo que chamamos de família astral. Esse é o futuro de todos. Você vai fazer parte de outros seres maiores sem, no entanto, perder sua individualidade, da mesma forma que a célula não perdeu a sua ao se juntar com outras e formar um organismo maior.

Nesse particular o que você tem que entender é que sua inteligência é diferente que a do bicho, contudo, sua habilidade se destaca no sentido de até onde pode chegar com o poder que exerce através do arbítrio.

Você tem arbítrio, tem consciência inteligente, tem presença, tem uma série de coisas, porém não pode viver sem ele, porque é ele que detém a vida e seus ciclos. Ele é um barco em que você viaja, enquanto traz uma inteligência diferente da sua, eis que tem a memória dos tempos, já sobreviveu a todos os tempos, passou por várias fases, já habitou todos os corpos anteriores, desde o ser unicelular.

Ora, nesse sentido, ele é de uma sabedoria de vida extraordinária. Depois, esse mesmo corpo que você habita, que é o próprio bicho, possui uma cadeia de comunicação entre todos os bichos de todo mundo, coisa que você, como hospedeiro, na consciência, não tem. O corpo está ali no coletivo e se relaciona com os outros bichos diretamente. Ele é que tem a ação sobre a matéria.

"Ah, mas eu estou aqui, vejo objetos, faço, quebro, desenho, crio". Decididamente, não. Você apenas está dentro de um bicho que faz tudo isso para si. Ele executa até quando achar que não vai mais executar. Ele pode se cansar de maus-tratos e se revoltar contra você, provocando doenças.

A pessoa tem vontade de mexer a mão. Ela só vai mexer se o bicho aceitar, senão ele não mexe. É isso que acontece com muita gente que perde o controle motor, perde isso, perde aquilo, até o corpo físico, provocando a morte, mas é sempre temporário. Mesmo que ela morra, não quer dizer que no astral não vá continuar sem a mão. Vai ser completamente igual até resolver aquela coisa com o bicho dela.

Ao mesmo tempo em que existe a dependência, porque certos poderes são dele e outros são seus, há uma associação. Você, por poder viver, se expressar, fazer uma evolução, e ele por poder lucrar com isso.

O bicho sempre ganha naquilo que lhe compete. Você quer ver o filme, mas ele quer dormir. Com certeza você vai perder o final. Você quer prestar atenção, mas a fome o deixa tonto, você fica ruim até comer alguma coisa. Ele quer fazer xixi, você vai ter que fazer, senão ele o deixa louco de tão apertado. Você está com uma diarreia. Pode ter uma entrevista com o papa, que ele ganha. Quando ele tem que tirar uma toxina de dentro, provoca a diarreia, porque vai fazer de tudo para arrancar aquela porcaria que você enfiou no estômago.

O corpo é o habitat dele, é o domínio dele e ninguém manda. Ele é dominado por você, mas tem sua área e sua função e se você insistir no espaço que lhe compete, ele adoece. Se continuar insistindo, ele morre.

A razão deste livro é porque eu queria que você mudasse seu ponto de vista ou não vai viver bem. Eu pretendo trazer minha visão a respeito do bicho, embora pareça, do ponto de vista aqui do astral, pois que você e muita gente ficam na dúvida.

O benefício da reencarnação é imenso. A pessoa esquece tudo e sai de um mundo mais complexo e complicado que é o astral para entrar num mundo mais primitivo, mais simples, mas a bênção do esquecimento traz uma vida nova, chance nova para as consciências mais primitivas, e isso é muito bom.

Para que as pessoas se esquecem de tudo quando se reencarnam? Ora, elas não conseguem nem digerir direito as lembranças da infância, de umas coisinhas que aconteceram? Agora, pegue você entrando na matéria com tantas vidas na cabeça e ficar lembrando de tudo? Vai ficar maluco.

Esquecer, começar de novo é muito bom porque nada é errado. O povo acha que tem que consertar tudo. Não tem que consertar nada. Experiência é experiência. Tudo é válido, tudo conta. "Ah, porque tenho que consertar o que fiz no passado". Esqueça! Você fez aquilo que sabia na época. Foi uma experiência e toda experiência contribui para o seu crescimento.

Eu, aqui, quero mostrar que não é tão difícil viver e o que eu estou falando é a mais pura verdade e, desde que você esteja aberto para ver, vai conseguir ver.

Você mora dentro de um bicho muito poderoso e extraordinário, uma coisa simplesmente fantástica. O povo não me conhece, mas eu sou o Tibirias, e esse é o nome que eu uso para me manifestar neste mundo. Eu tenho um grande passado procurando entender esse processo, o que me deu a credencial de dominar meu bicho perfeitamente.

Assim, quero servir de ajuda para que outros também compreendam e explorem esse extraordinário elemento que é o bicho para viver a eternidade e que, se compreenderem, vão ter todo o sucesso de que precisam, caso contrário, vão sofrer bastante.

Por isso que me pediram para vir aqui, pegar um médium inteligente, com a mente aberta que é esse menino [Gasparetto] para começar a explicar esse tema aos espiritualistas, aos que estão abertos, preparados e querendo entender o assunto de um ponto de vista mais amplo.

Meus orientadores disseram: "Vai lá que já tem muita gente preparada". Eu, de minha parte, vou me sentir perfeitamente recompensado, porque o que vale é o produto final, o quanto as pessoas lucram com isso e, no fim das contas, lucra todo o universo.

A primeira mensagem é que o seu corpo é inteligente. Ele tem especializações que você nem faz ideia, como foi dito. Essas especializações são percebidas por nós como dons, instintos ou temperamentos.

O temperamento é o dispositivo do bicho que você pegou, que é adequado para impulsionar seu espírito desde quando ele saiu da latência e veio se expressar na matéria. O bicho é perfeito para você. É tão perfeito a tal ponto que absorveu qualidades suas para fazer parte do temperamento dele.

O bicho até modificou suas habilidades, dependendo da sua natureza como ser espiritual. Por exemplo, ele pode ter crescido muito com o seu acréscimo na colônia que você dominou. Ganhou mais inteligência no ramo do físico do corpo, por exemplo. Então, provavelmente, dependendo desse dom, você vai ser um grande atleta, ou vai ser um grande músico, um grande político, um grande médico, um grande cientista, assim por diante, porque a inspiração é sua, mas o instrumento é ele.

E assim vai, e ele tem que dar toda sustentação para que um cérebro de um grande físico, de um grande cientista cibernético funcione e possa lidar a contento com essas matérias cada vez mais complexas. Isso só é possível porque esses seres já vêm com um bicho que pôde reencarnar para trabalhar com a coisa aqui.

Ora, ele tem que ser modificado. Geneticamente, é fácil. Falo da genética astral, não da genética física que flui dentro das correntes da genética da descendência, que é coisa da Terra. A genética do mundo astral depende de várias raças que vieram de outros lugares, de outros planetas, que já tinham as informações e ela favorece o espírito quando sai da latência divina para pegar um corpo e despertar para existência, para a vivência.

Quando você estiver no mundo astral, poderá reencarnar e desenvolver dons, mas mesmo sem a reencarnação, vai começar a mostrá-los. Você vai se mostrando, o dom vai evoluindo para sustentar quem você é. Você é um benefício para ele e ele é um benefício para você. Tudo e todos ganham.

A raça humana, que está agora no planeta, tem no seu bicho a genética de vinte e cinco raças com dons extraordinários que já foram manipuladas, não só naturalmente, mas por outros seres superiores muito mais avançados. Outros povos no universo manipulam a genética na medida que eles sabem. Não controlam o despertar dos espíritos, mas criam uns aparelhos que provocam esse despertar. São seres que trabalham pela evolução do cosmos, que já despertaram há milênios, há anos-luz.

As inteligências superiores como os anjos, os arcanjos, as diversas entidades, bem como todos os demais seres superiores, tudo é de fora. É assim em qualquer lugar do universo. Isso não é novidade. Tudo vai mudando, se transforma, passa, evolui e se distribui. Há vários mundos. A coisa é muito complexa e muito agitada e, ao mesmo tempo, muito organizada pela inteligência natural e pelas leis cósmicas.

A nossa raça é bem especial. Ela traz algumas características multidimensionais. Ela já gravita em duas faixas. Por isso, você vem para a Terra, mas você nunca deixou o astral. Isso é difícil do povo compreender. Tanto é que você tem que dormir, sair do seu corpo físico, da casquinha, e ir para a frequência do astral e respirar a energia de lá, se refazer para poder voltar, porque você não é daqui. Você é de lá.

A situação atual é artificial, mas importante para o requinte que a natureza quer fazer com vocês. Somos seres multidimensionais. Conforme vamos evoluindo, adquirimos mais e mais com aptidões.

Vamos dizer que um ser que frequentou um tempo essa multidimensionalidade aqui, que já tem certa aptidão, já é mais sereno, bem centrado, ele atravessa uma dimensão para outra sem precisar de reencarne. Aparece aqui no mundo, como há muitos casos, e solidamente fica com você, toma uma bebida, conversa no seu ambiente, faz o que ele quer fazer, aí você pisca os olhos e ele sumiu.

Está cheio de histórias assim. Ninguém acredita, mas não faz diferença para eles, porque não estão aqui para aparecer. Estão aqui porque querem alguma coisa e não ficam perdendo tempo com ego. Fazem o negócio deles e vão embora. Quando não, encostam, possuem a pessoa por uns anos, induzem a pessoa a realizar uma grande transformação na Terra e depois a soltam. Eles podem, são interdimensionais. Todos nós somos interdimensionais.

Pode ver quanta gente faz desdobramentos e vai para o astral conscientemente. E quanta pesquisa não há sobre o assunto? Isso é multidimensionalismo, que é uma qualidade especial da raça humana. Por isso que a Terra é fechada. O campo magnético do planeta protege, isola e é absolutamente guardado. Ninguém entra e ninguém sai por nenhum motivo, a não ser em casos especialíssimos, mesmo assim com a permissão de quem tem esse tipo de controle.

É um campo de muita movimentação, porque nós temos que ter vivência para desabrochar e as nossas qualidades são de estímulos e, então, misturam-se vários seres de graus de evolução para que os melhores sejam de estímulo para os piores, e os piores sejam de estímulo para os melhores.

Esse vaivém vira um embrulho que vocês chamam de trevas e luz, mas não é nada disso. Não são trevas nem luz. Na verdade, tudo isso é a movimentação do processo de evolução. Nesse particular a Terra vai indo muito bem, sem perdas e danos. Nada se perde, tudo conta e o processo é assim mesmo.

No entanto, nós estamos atingindo um ponto em que os processos da sofisticação da conquista de um nível civilizatório ameaçam a relação com seu bicho.

Quando essas ameaças começam, os bichos se revoltam e provocam doenças, epidemias, pragas, e há sempre espíritos que se encarnam e tentam conscientizar sobre esse fato, como a questão da ecologia, a questão do organismo, do entendimento, da psicologia, da bioenergética, do funcionamento de tudo.

Trata-se de mecanismos relacionados ao bicho. Você não está dentro de si. Você não está dentro do mundo. É o seu bicho que reencarna, pega a matéria e faz um corpo físico por um tempo. Ele se relaciona com o ambiente, não você. Se der um piripaque nele e ficar cego, surdo... Cadê o mundo? Cadê o ambiente? O problema é ele. Você está dentro dele.

Nós precisamos entender que não é apenas uma boa alimentação, uma ginástica que são suficientes para nos manter saudáveis. De tudo isso ele gosta. Adora movimento, adora ginástica. Ele é instintivamente da ação da vida e jamais dorme. É você quem dorme. Por isso que tudo está andando e quem precisa de refazimento é você que sai quando desdobra, para se alimentar, se refazer, se reabastecer.

Enquanto o corpo astral se desloca, o bicho continua trabalhando. Quer ouvir seu bicho? Ouça seu coração batendo. Todo metabolismo é trabalho dele e, quando você insistentemente o contraria, alguma disfunção vai aparecer em algum órgão do seu corpo.

A consciência pode se perder quando você dorme ou quando toma uma anestesia geral, mas nem sempre. Às vezes você sonha, às vezes se desdobra mas, ao sair do corpo, ele se refaz e volta. Apesar de todo poder que ele detém, se você quiser se matar, se arrebentar todo, não que ele não retruque e você passe feio, mas é obrigado a obedecer. Seu arbítrio, sua escolha é sagrada. Nem Deus interfere. Ou seja, você tem o poder sobre ele. Quer tomar veneno? Pode tomar que ele deixa, porque você é maior e tem a gerência. Maior, porém, não mais poderoso.

Ele é infinitamente mais sábio que você. Ele permite porque, primeiro, sabe que você jamais vai morrer, não vai deixar de existir em outro plano e, segundo, um dia vai ter que se acertar com ele. Quando ele obedece, não é porque não tem a sua inteligência dialética, tipo pergunta, resposta, dedução. Ele não tem toda essa complicação da cabeça. Sua inteligência é absoluta. É, é. Não é, não é. Pode, pode. Não pode, não pode. Simples, claro, objetivo e direto, doa a quem doer. Sua inteligência é de outra natureza. Ele tem a prática. Ele tem o aprendizado acumulado desde o ser unicelular.

Há vários tipos de inteligência dentro do ser humano. Uma boa parte dessa inteligência é dele. Quando a pessoa não tem um domínio muito grande sobre as forças sociais, que é algo mais que a relação com o seu corpo, com o seu bicho, ele possui um grau acentuadíssimo que é o instinto. O instinto, o temperamento faz parte do bicho.

O instinto é de uma sabedoria infinita. A cabeça é atrapalhada, mas o instinto está sempre certo e ele pode enxergar tudo que você não enxerga. Enquanto seus olhos estão limitados às suas atividades como hospedeiro, eles só veem o que você deixar.

O bicho, não. Ele percebe de mil maneiras, de mil ângulos que você chama de inconsciente individual e coletivo, mas muito real no corpo, ele percebe, porque corpo é bicho. Como se comunica com todos os bichos dos outros na sociedade, ele sabe de tudo e de todos e dessa intrincada relação, que para ele é a coisa mais simples, vai tirar o que melhor serve para você.

É como um supercomputador cuja memória é comum a todos. A solução de uma equação complexa aos olhos do ser humano, vem num segundo. Você sabe que toda a estrutura complexa de um computador está baseada na simplicidade binária de zero e um, sim e não.

A pessoa jeitosa é pessoa instintiva. Ela chega perto da outra, olha assim e já começam vir informações lá do bicho dela que pegou do bicho da outra. A outra pode mentir, disfarçar e não adianta. Essa pessoa já usa a sagacidade do seu bicho.

Agora, se você não pega o que ele mostra, faz vista grossa querendo fazer gracinha, desempenhar papel para o outro, o bicho deixa, mas vai ter que prestar contas com ele mais tarde.

O bicho sempre faz o serviço dele. É ele que atrai a prosperidade, é ele que faz tudo a partir do físico, da realidade. O que você precisa conhecer é a lei da realidade. Você é a lei. Sua realidade é separada da dos outros, nunca é igual, embora não pareça assim.

A crença geral é de que existe apenas uma realidade, mas a realidade é individual. O somatório das realidades individuais é que resulta na realidade comum, na coletividade. Quanto mais você seguir seu bicho, observar o que seu corpo sente, mais sua realidade se destaca da coletiva e mais sucesso você experimenta. Sabe aquela ovelha negra que se destaca dentro um milhão de brancas?

Você pode se misturar com o outro, achar que deve, que não tem, que isso, que aquilo, mas mesmo junto a outra pessoa, suas coisas vão acontecer de acordo com o que você está fazendo para si. À pessoa com quem está unido, grudado, casado, não importa, sua vida vai fluir de acordo com a dela. Um pode influenciar o outro e se você deixar se levar por qualquer influência, será o responsável pelas consequências.

Se a outra pessoa for boa, positiva, negativa, você vai responder ao que se deixou influenciar, porque a lei da individualidade protege. Cada um é dono da sua realidade.

Nessa situação você precisa compreender que o bicho cria a partir dos estímulos que você dá a ele e das crenças que você bota para dentro. Ele age de acordo com o que você coloca nele.

Por exemplo, você declara: "Eu sou rico, eu sou um homem de sorte, eu sei que terei muito sucesso, porque vou conquistar, vou fazer isso, nem vou estudar, vou trabalhar e vou acontecer, vou ser assim, como aquela pessoa rica e tal e não vejo a hora de chegar".

Você diz isso ao bicho, põe isso nele e ele está ouvindo, está sentindo e toma isso como uma ordem. Como você está querendo, ele começa a fazer acontecer. Claro que isso é para uma pessoa mais independente do coletivo. Dependendo da pessoa, fica influenciada pelo meio, pela educação, por aquilo que ela dá crédito e o bicho segue, apesar das afirmações positivas.

Se alguém consegue isso com mais sucesso é porque, não obstante os pais serem pobres, de vida difícil, que acreditam na luta, ele não se ilude, fica naquela coisa dele, não é isso? Ele pode ver os pais como ignorantes, vai estudar, aprender, seguir tal caminho, ou seja, já se destacou da realidade familiar, porque o sonho dele é ser como tal pessoa rica, de sucesso. O bicho dele se alinhou com o daquela pessoa que ele admira.

Agindo assim, ele vai alimentando aquela crença e uma hora chega lá. Não necessariamente como o outro, porque toda realidade é individual, mas com características semelhantes.

Quem faz a realidade ser do jeito que é, é o bicho. Porém, ele não pode fazer sem a base interior que você tem, sem a estrutura das suas escolhas, da sua decisão de crer nisso, de crer naquilo, de usar o pensamento assim, de sua vontade, de usar sua capacidade de crer.

Tudo isso que você tem, como escolha, como consciência, o bicho vai assumindo e fazendo, e você o condiciona a ficar habituado com aquilo. O que é o treino de um atleta? Fazer exercício e mais exercício. Isso é bom para os músculos, para o corpo, para a saúde, mas quem aprende é o bicho. Aí, quando esse atleta for participar de uma competição, para qualquer esporte, qualquer atividade atlética, ele tem que esquecer tudo, largar tudo, não pensar em nada e confiar no seu bicho, ficar tranquilo e soltá-lo.

Na hora em que ele começa, o bicho faz tudo, não pode mais controlar. É só dar o *start*, porque já está treinado. Isso mostra que um jogador de futebol, por exemplo, que não tem um treino que possa prever as milhares de situações em campo, em calcular a distância da bola, fisicamente não tem inteligência desse tipo, mas se ele solta para o bicho, acaba fazendo milagre que nem ele sabe como fez aquilo direito. O bicho dele fez sozinho.

Da mesma forma, quando você bateu o carro, foi uma coisa que até hoje não entende como ocorreu aquilo. Deu-lhe um troço e ele assumiu, o carro ficou em pedaços, e você saiu ileso de lá.

Você percebe que nossa relação com ele vai facilitar profundamente a realidade. O bicho que está de bem com você é porque você está de bem com ele e realiza suas aspirações. Ao contrário, a pior coisa é você arrumar encrenca com ele. Ele nunca arruma encrenca com você porque não tem arbítrio, mas você tem e é o responsável pelas diversas situações. O arbítrio é a maior força do hospedeiro. Enquanto ele sabe muito, quem discerne, quem escolhe, quem arbitra é você.

Logicamente, quando há um bom inter-relacionamento, seu bicho só faz coisa boa. Por exemplo, treinando-o com a maior fé e confiança possível para resolver determinada situação, quando vê, a coisa está resolvida sem que você tenha feito nada, porque ele age pelo lado invisível e inconsciente com os outros bichos.

Outro exemplo, você foi lá com tal postura, e o homem resolveu que ia fazer o que você queria e fez. "Puxa! Como você conseguiu uma coisa difícil dessas? Ah, eu achei que não era difícil". Seu bicho falou com o bicho do homem e deu vontade de fazer. A pessoa muda. Não teve sua interferência, e é aí que entra a ação de bicho para bicho.

Sexo é bicho com bicho. Relacionamento é bicho com bicho e assim vai. Tudo é relacionamento, porque você está dentro dele e os outros também. Se você guiar bem esse aparelho maravilhoso, vai conseguir coisas incríveis na sua vida, mas se guiar mal, vai arrumar encrenca. Ele cuida do ambiente e de todas as coisas que estão acontecendo no ambiente de acordo com você, com sua forma de crer. Você mudou, ele muda lá fora.

O bicho também trabalha com a defesa. Todo sistema de defesa, da integridade do ser humano, incluindo o sistema imunológico, é tarefa dele. Ele é a grande força de vida que o mantém. É ele que o põe na Terra e o liga com a kundalini, energia do planeta para prender você no magnetismo dele, o tempo que for necessário, e também decide a hora que você vai deixar o corpo físico. Ele é o líder absoluto no magnetismo das leis da natureza, pois sua essência é a pura natureza.

Ele também cuida da procriação, de toda a saúde, de todo movimento da saúde orgânica, da regeneração. Sua saúde está completamente nas mãos dele e quando ele não gosta de alguma coisa, você não vai comer. Você vai sentir enjoo, nojo, ou não vai querer comer se estiver estragado. Se você insistir, ele vai fazer você vomitar ou provocar uma diarreia para tirar a porcaria que você ingeriu.

A parte sombra ou a parte bicho, a parte inconsciente, subconsciente, a parte raiz que sustenta, alimenta e mantém a planta precisa ser passada ao leitor porque sem essa parte conscientizada e trabalhada, ele fica ao sabor do senso comum, levado para lá e para cá, como se fossem conchas levadas pelas ondas. A crença que predomina é do acaso, da sorte, do azar, das coincidências, ou seja, o poder está fora dele. É importante passar a mensagem de que cada um está fazendo sua realidade, sabendo ou não disso, e que essa realidade quem faz é o bicho interior.

Nesses anos em que trabalho no Espaço da Espiritualidade Independente, com aulas práticas, vejo quanta cura, quanta mudança temos conseguido a partir de nossa interação com o bicho, com os poderes que estão em nós, entretanto, as possibilidades ainda são infinitas. Dependendo do treinamento que você tenha com ele, poderá levitar, incorporar, porque ele transcende as leis da física, da natureza, uma vez que se trata de algo multidimensional.

É ele que fornece ectoplasma para que os espíritos se materializem. Quem é que pinta com o meu menino? O bicho dele. Ele só larga a mão e o bicho faz, porque ele tem a habilidade que desenvolveu e o bicho aprendeu. As entidades, os pintores não fazem, apenas ficam ao lado pensando, enquanto o bicho faz e materializa tudo no papel.

Por isso é uma inteligência diferente, como se fosse um celular, um dispositivo sofisticado. Se você não for bom para lidar com ele, não vai fazer nada, mas se souber explorá-lo, faz um monte de coisas, como um computador sofisticado.

Nós temos um computador sofisticadíssimo e apenas fazemos umas bobagens mas, se soubermos explorá-lo melhor, poderemos fazer milhões de obras primorosas. É que o bicho de todos está sendo subutilizado.

Veja quanta coisa incrível se faz atualmente com a comunicação pela internet. Vemos coisas estranhas, impensáveis, admiráveis, extraordinárias que antigamente passavam despercebidas, e as pessoas não acreditavam no que as outras falavam.

Hoje, não. Tudo é filmado e divulgado. Todo mundo vê e acredita, como, por exemplo, alguém ficar embaixo d'água por quinze minutos sem respirar, super-homens com habilidades sobre-humanas. É só assistir a esses documentários que passam na tevê. Você vê faquires que conseguem ficar isentos da dor, homem que vive sem comer há vinte anos, e por aí vai.

Onde é que estão essas habilidades humanas? Nos bichos das pessoas. É isso que quero transmitir para quem está lendo este livro. Acredito que o leitor vai sentir que está morando num paraíso, na terra prometida onde corre leite e mel, com muito ainda para ser explorado.

Meu propósito é ajudar as pessoas a explorar esse universo que também tem o nome de universo anímico, amor inconsciente ou instintivo, e as infinitas possibilidades de poderes que estão agora nas mãos delas, mas que não sabem. Este livro é para espalhar e despertar para essa riqueza infinita que cada um traz consigo, o bicho.

3

O BICHO PRECISA SER DOMINADO

Antes de mais nada, você precisa entender o que é domínio. Dominar o bicho é a única maneira de você ter sucesso na vida. São essas estruturas poderosas de nosso inconsciente, que chamamos de bicho, que vão abrir os caminhos, que vão ver do jeito que vai, do jeito que não vai a prosperidade, a afetividade, a sexualidade, a fertilidade, as coisas materiais, a saúde, a energética, a manutenção do cérebro, a inteligência, enfim, tudo de que precisamos.

Porque estamos totalmente nas mãos dele. O bicho, a nossa inteligência animal, sabe fazer as coisas seguindo regras. Ele sabe identificar um estímulo e agir de acordo com esse estímulo.

Por exemplo, surge um vírus e ele já o detecta. Até detectar e conhecer o vírus, ele fica procurando detalhes. Quando o detecta, procura eliminá-lo. Os vírus, geralmente, morrem com a oxigenação. O bicho segue esse processo porque tudo é muito da detecção da estrutura do vírus para colocar alguma coisa contrária que o paralise. Ele sabe paralisar, enxerga os elementos como função, e essa função tem que ser paralisada.

Tudo nele é funcionamento. Ele segue o modelo cósmico porque é um animal programado, percebendo, assim, a dinâmica da coisa. Ele age na dinâmica divina, das forças criadoras.

O bicho não tem o que temos na cabeça, o eu consciente, que é a capacidade de jogar com as ideias, tipo, é, pode ser, muito pelo contrário, ou relativizar, duvidar e depois tomar decisões. Ele toma decisões dentro de uma ótica completamente livre, muitas vezes inimagináveis. Ele não sabe o que é imaginário. Não tem nada a ver com isso. Assim é que, no erotismo, por exemplo, para o bicho tanto faz se você está fazendo sexo real, com alguém, ou imaginário, masturbando-se. Ele vai funcionar do mesmo jeito.

O bicho responde de acordo com o que o eu consciente está colocando no momento, não importa se é real ou imaginário. Ele sente o está consciente em você. Se você for transar com alguém, mas está preocupado com algo, a relação sexual pode não ocorrer porque vai faltar a ereção devido ao seu desinteresse, ou melhor, devido ao seu interesse maior em outro assunto, objeto da preocupação.

Ele não está captando nada, mas sua cabeça sim. Agora, se você estiver bem relaxado, sozinho, tomou uma bebida, se concentrou ali no objeto erótico, a coisa vai que é uma beleza, não é isso? A masturbação vai funcionar até melhor que um ato sexual real porque sua atenção não está distraída.

Assim é em tudo. Você pode estar numa praia maravilhosa, mas não está nem sentindo tudo aquilo. Muitas vezes está em casa imaginando aquela paisagem tão vividamente que sente estar lá. Isso é o sistema nervoso que faz, coisa do bicho. Ele não distingue o que é real do que é fantasia. Só existe o que você percebe, sente, porque a realidade, no absoluto não existe, como afirmava Einstein. Ela é uma projeção da nossa consciência. A física quântica assegura que as coisas existem porque nós estamos prestando atenção. Da mesma forma, o bicho vai responder porque você presta atenção.

Portanto, entenda que a vida mental, fantasiosa, imaginária, tem tudo a ver. Se na sua imaginação algo é perigoso, você produz medo. O bicho vai aceitar que há um perigo, vai produzir adrenalina, vai aumentar o metabolismo e colocar todo seu sistema em estado de alerta ou estresse e reagir como se fosse real.

Qualquer barulhinho você já acha que é um mal, e ele se põe todo naquilo e reage na sua realidade, na proporção daquilo que você pensa, porque a realidade não existe como pensamos que ela é, independentemente de nós. É no bicho que está o aparelho realizador, aquilo que cria a realidade da nossa vida. É nele, mas vai de acordo com o que damos importância.

Outro exemplo. "A vida é dura". Se sua crença for muito forte nisso, seu bicho fará tudo duro, tudo difícil em seu caminho. Mas, se você crer e disser que é bobagem, que a vida é fácil, assim será para você. Tudo depende do que você carrega na mente, do que você crê, de como você vê, porque as coisas, em si, não são nada.

Quando puder, olhe para um quadro com flores. Ele não é feio nem bonito. É para quem o acha feio ou bonito. Porque, na verdade, nada é. "Mas, essas flores são lindas!". Chega o outro e diz: Não acho, não. Me dá um enjoo só de imaginar o cheiro delas. Tira esse quadro daqui!". Esse associou as flores do quadro ao ruim porque teve uma experiência desagradável com elas no passado. Para o bicho é ruim, não quer saber e acabou.

Tem gente que adora aranha, cobra, brinca com elas, é seu bicho de estimação. Ora, são pessoas que têm uma vivência, uma perspectiva diferente, um sentimento diferente em relação a esses bichos e não têm motivo nenhum para detestá-los. A barata é apenas um inseto, no entanto, muita gente quer distância dela, enquanto tolera um mosquito que pode causar uma doença mortal. Há culturas que não têm nada disso e consideram determinados insetos parte da alimentação. Quer coisa mais repugnante que uma larva? Tem gente que come.

O bicho trabalha com a mente. Faz sua vida de acordo com a mente. Se você teve uma experiência tal e a associa ao terrível, ele vai fazer de tudo para protegê-lo, porque o sistema protetor, o sistema imunológico vem dele. Esses sistemas não servem só para proteger você de vírus e bactérias. Servem para tudo na vida. A pessoa que acredita que o dinheiro é o mal da humanidade jamais vai ter conforto financeiro.

Uma outra se envolve num relacionamento e, tendo em vista o fato de que, no geral, tem muita ilusão, pois absorveu muita porcaria a respeito do amor, do tipo príncipe encantado, mulher ideal, obviamente vai colher muitas frustrações nessa área, principalmente se o parceiro ou a parceira estiver lá nas coisas deles. Da frustração vem a dor, da dor o ressentimento, e a experiência, que deveria ser uma coisa muito agradável, se torna um drama que machuca muito.

Terminado o relacionamento, a pessoa fica um tempão, às vezes anos, para se desligar daquilo. A princípio parece se desfazer da ligação, mas não se desliga da tragédia que experimentou porque o bicho guardou tudo.

Passado um tempo, a mesma pessoa cansou de ficar sozinha e acha que está na hora de arrumar outro relacionamento. Se abre para aquilo, mas o bicho corta porque, para ele, relacionamento representa tragédia. Ele sabe que a pessoa continua com a ilusão do amor ideal. É a função dele preservar a pessoa, então nenhum relacionamento dá certo porque ele está protegendo a pessoa do perigo.

Se aparecer um elemento que não suscita muito perigo, o bicho até deixa. "Ah, é um quebra-galho, não é aquilo que eu vou amar, não. É um namoradinho, uma coisinha". Então, está bem, está seguro e esse pode. Mas, se for alguém mais próximo do sonho da pessoa, é não.

Por que ele defende? Porque a pessoa precisa voltar e resolver a pendenga consigo. Depois que viveu aquele relacionamento não fez nada, não aprendeu nada, não mudou a atitude interior, não mudou as crenças a respeito do amor. Há muitos exemplos de mulheres que largam de um marido alcoólatra e pegam outro.

Primeiro, geralmente a pessoa costuma culpar os outros: "Foi o parceiro ou a parceira, um desgraçado, uma desgraçada que me usou, que isso, que aquilo". Se põe no papel de vítima. Não resolveu nada porque ninguém é vítima.

Segundo, o máximo que ela consegue fazer é se condenar: "porque eu fui uma besta", o que também é terrível, pois fica ressentido, não só com a pessoa, mas também consigo, em um processo contínuo de autopunição: "porque sou feio, sou um desgraçado, porque não me ama, porque sou um rejeitado", e não resolve porque fica alimentando um lado negativo. Ninguém é feio, cada um tem seu charme, sua beleza única, seus atrativos, seu jeito interessante que sempre vai cativar alguém.

Há muitos considerados feios na aparência e muito bem acompanhados por pessoa de físico espetacular, como também há muitas consideradas lindas, mas vivendo sozinhas e carentes. Perceba que não tem nada a ver a aparência física, a idade, a raça. O que conta é como a pessoa se trata e, desse tratamento, surge um padrão energético que vai atrair ou repelir os outros. Outras ficam nesse vai não vai e acabam perdendo oportunidades de ter um bom relacionamento.

A verdade é que, se o relacionamento anterior deu errado foi porque a pessoa se iludiu. Quais foram as ilusões? "Ah, porque eu queria que ela me entendesse, que tivesse confiança, fosse honesta, que fosse fiel, que fosse, que fosse, que fosse...", porque ela culpa o outro.

Ou, como ele não foi como você esperava, não deu certo. "Não, mas eu sou sincera, de confiança e ele não foi". Isso não existe, porque o que se chama de sinceridade não é apenas não trair e ficar só com seu par, contudo, isso não quer dizer que você tenha sido sincera, mas estava ali fazendo tipo para conquistá-lo, para tê-lo só para si, ou seja, você estava fingindo, se traindo, se desvalorizando, se abandonando, fazendo um 'papel' de namorada ou namorado, de esposa ou de marido.

Dessa forma, acabou gerando uma condição de abandono ou desvalor. Não entende que tudo o que faz para si, os outros também fazem para você, porque a vida a trata do jeito que você se trata. O bicho diz que aquilo é certo porque aprendeu com você. Então, ele passa esse recado para os bichos dos outros que sentem aquilo e agem sempre da mesma forma com você.

Portanto, se você se desvaloriza, os outros vão desvalorizá-lo. Se você se cobra, os outros vão cobrá-lo. Se você se trai, os outros vão traí-lo. Se você não confia em si, os outros não vão confiar. Se você não se respeita, os outros não vão respeitá-lo. Se você faz tipo, os outros vão fazer também, assim por diante.

O indivíduo usa o corpo, faz uma representação de alguém legal achando que, se ele mostrar quem é, for ele mesmo, espontâneo, natural é muito ruim porque vai afastar o outro, então inventa uma mentira, que é a falsidade, mas acha que não é falsidade, e fica nisso procurando que o outro ou a outra o ame. Mal sabe que ninguém vai amar alguém que não é verdadeiro. Assim, o que a pessoa consegue? Nada. Só atrai porcaria.

Digamos que, depois de algumas experiências frustrantes e dolorosas, ela resolva encarar-se, o que vai perceber? As reclamações e cobranças a respeito do último relacionamento. Se ela assumir de verdade, por exemplo, "Ele me traiu, mas eu me traí. Como me traio? Bem, eu me prometo as coisas e não cumpro; eu me escondo com vergonha de mim em vez de ser sincera e me mostrar como sou; eu faço muita pose e não sou natural por quê? Porque eu tenho uma visão negativa de mim. É só uma visão, pois ninguém é assim, e todo mundo é o que Deus fez, então, estou negando Deus em mim. Estou me negando querendo fazer a bonitinha para o outro, bancando a forte, bancando a sensual, a esperta".

Ao forçar ser sensual, ela se vulgariza. É pornográfica, e não erótica. A pornografia é uma mistificação do erotismo. O erotismo é seguir uma sensação e um estado em si. É como o amor. Você segue um sentimento aí em você. Agora, as pessoas ficam na 'melação', fingindo ser amáveis, mas a verdadeira amabilidade passa longe disso. É um sentimento puro, espontâneo. Assim também não é o verdadeiro erotismo, é o pornográfico. E o que acontece? É falso, tóxico, não é nutritivo e não flui aquela energia que revigora a gente.

Então, cansa, enjoa, fica tóxico, enfim, fica pornográfico e se torna ruim. Por essa razão, a pessoa precisa fazer muito porque não se alimenta e depois se torna cada vez pior, usa fetiches, aquelas coisas exóticas para ver se produz alguma excitação e, até, talvez, cair nas drogas. Isso não é o verdadeiro erotismo humano. Não é nutritivo porque o indivíduo está mal orientado.

"Ah, nosso relacionamento é bom. A gente se adora". É mentira, porque ambos estão desempenhando papel de personagem. "Ah, mas estão juntos e vivem bem". Vivem bem porque as habilidades de um com outro estão se combinando.

Por exemplo, ele é muito para isso e ela é muito para aquilo. Eles fizeram um arranjo de interdependência, mas não é amor e muito menos erotismo. Então, não é o verdadeiro. O povo vive nisso e só tem desencontro a ponto de não querer mais nada, ou pega o mais ou menos e mantém, porque já não tem mais esperança de que lhe aconteça algo melhor.

É um arranjo confortável do qual todos têm direito. É o melhor que podem. É válido. O que quero dizer é que o bicho só se solta quando a pessoa entra nas verdadeiras causas. Uma pessoa que está muito bem consigo, que assume toda a responsabilidade pela sua vida, que é muito sincera consigo mesma, que está muito em contato consigo, com o sentir do seu corpo, que não falseia, que a energia é bem aceita, isso é erotismo verdadeiro. O erotismo verdadeiro é uma das coisas mais difíceis da pessoa aceitar.

Uma pessoa que age dessa maneira é naturalmente sensual. Ela não precisa fazer nada, não precisa se arrumar para ficar sensual, atraente. O verdadeiro nasce quando a pessoa está muito despojada, e é nesse despojamento que a natureza do bicho dela é viçosa, é atraente, porque o bicho é uma coisa bonita. Todo mundo fica preso à imagem achando que ela é muito certa, muito isso, muito aquilo. Ela é educada no tratamento com os outros, mas é despojada devido ao tratamento que ela tem com seu bicho. Não desvirtuou suas fontes naturais, ao contrário, não tem aquele moralismo comum. Assim, se torna mais requintada, mais específica, até exótica, original, porque cada cena tem uma originalidade, uma individualidade.

A pessoa bem colocada não tem neurose, não está aí julgando nem criticando ninguém, não enche o saco de ninguém, como não enche seu próprio. Não tem como não gostar de uma pessoa assim, não importa como esteja vestida. Os outros logo sentem aquilo, porque a energia dela está ali verdadeira, pura. Ela tem as medidas, as coisas muito ajustadas, não sente o que os outros querem ou mandam. Uma pessoa assim é muito respeitada, considerada, tem muito carisma, é muito desejada, amada, querida. "Ai como você é fofa, dizem para ela com frequência".

Na comunidade onde eu vivo todo mundo é assim. Todo mundo é maravilhoso, é único, rico do seu jeito, do jeito de Deus. Deus é rico, então, é diferente. As pessoas não se ligam porque estão querendo resolver uma situação afetiva, porque já estão resolvidas nesse aspecto. Aparece aquela pessoa que transmite tal energia que mexe com a do outro e se estabelece uma relação. Ambos se dão a liberdade do relacionamento que é bom para si, como quiserem, quantas vezes quiserem.

Não tem problema nenhum, nem com o sexo, com nada, porque o erotismo lá é muito saudável, muito limpo, sem a pornografia que há aqui. Não há problemas nas relações afetivossexuais de três, de quantas pessoas quiserem, porque são vistas como algo natural. Ninguém tem um compromisso familiar, não há casamentos, não tem que criar filhos só porque fez, mesmo porque, não há procriação. Há situações, sim, em que um casal, se quiser, pode convidar um amigo para morar junto, como um filho e estabelecer uma relação familiar, mas não é um compromisso. Estão juntos por afinidade, porque se gostam, porque se sentem bem.

É comum casais se interessarem por alguém e o convidarem para morar junto, quando sabem que tal pessoa tem determinados dons e que sozinha não vai conseguir desenvolvê-los. É um sentimento de ajuda, de amor e nisso há uma troca energética muito valiosa, muito preciosa que é feita com autêntico erotismo, porque é uma característica espiritual.

Quando estamos no bem, conseguimos perceber as diferenças com o mundo de vocês. Lá não tem procriação, por isso não existe esse arranjo que necessita ter na matéria. Mas, que fique claro que, encarnado ou desencarnado, a relação com o bicho é a mesma. Você tem que encontrar a harmonia das suas forças para poder viver bem e ser feliz, senão só vai sofrer.

Na Terra, como não há essa habilidade, você procura uma pessoa que venha suprir as suas necessidades, porque não está sabendo lidar bem com a sua, então coloca muita expectativa no outro e aí não dá certo, se magoa e o bicho fica com medo do relacionamento e, por isso, ele seleciona. Sensações muito intensas, muito boas, ele tira para pegar qualquer coisa que seja menos perigosa.

Tem gente que fica tão ferida num relacionamento que o bicho não consegue mais atender, mas não é ele que está escolhendo. Bicho não escolhe nada. É a condição em que a pessoa se encontra. Para que ele abra a porta, vamos dizer, para que ele permita que o sistema de outra pessoa verdadeiramente significativa possa entrar, uma pessoa de grande potencial de mexer com o erotismo dela, com o romântico, com o amor, com a alma, é preciso que ela se livre da causa.

Quando a pessoa começa: "Ai, meu Deus, como seria bom!". Já entra naquela loucura, o bicho imediatamente reage: "Ih, isso aí vai dar no mesmo caminho". Então ele corta como faz com os vírus. Ele identifica, mata o vírus até que liquida todos. Essa é a função da defesa. A defesa está para o vírus como está para a suas fantasias que estão ligadas a um trauma que viveu devido às ilusões que você criou e as consequentes desilusões.

Trauma é sempre uma desilusão. O bicho age assim também com o dinheiro. Você assiste a seus pais que fazem um escarcéu por causa do dinheiro, que o dinheiro é o grande vilão, é o problema da humanidade, é sujo, é a causa do sofrimento, porque falta, porque precisa tanto e, não só isso, eles guardam para garantir o futuro, e você dá importância para essas atitudes. O bicho associa esse comportamento e guarda.

Aí, vai para a vida com a esperança de crescer, de melhorar, de ficar rico, mas não pode, e quando você mexe com o dinheiro e tem o mínimo de medo, ele já dispara o alerta e corta. Vai fazer igualzinho porque você pegou dos pais.

Digamos que, apesar de um dia ter vivido isso, mas tem um parente ou um vizinho, e se encanta com a situação financeira deles, e deseja para si o mesmo. Mas, só achar lindo não quer dizer que vai convencer seu bicho. É preciso imaginar que você pode: "Ah, eu posso gastar, eu posso isso, posso ter aquilo, posso ganhar dinheiro fazendo isso, fazendo aquilo. Ah, eu ganhei dinheiro. Que bárbaro!". Você começa a impressioná-lo e, conforme vai percebendo que aquilo é possível, vai se sugestionando, vai se impressionando, vestindo no corpo a situação, o bicho vai recebendo isso, vai deixando as velhas ideias para dar lugar às novas.

É dessa maneira que a vida melhora. Melhora até que ponto? Até o ponto que você possa imaginar. Por exemplo, a maioria das pessoas não se imagina verdadeiramente capaz de ser milionária. Elas podem imaginar que um dia terão um apartamento, um carro, filhos, mas não se veem empresárias, donas de um grande negócio. Se contentam com o trivial, com o comumente aceito.

Os brasileiros são assim. Basta um emprego razoável que permita ter essas coisas e, depois, associam à ideia de que empresário é um mal, que explora os empregados, que rouba, senão não estaria rico. Quem pensa assim, se tentar se meter numa coisa mais arrojada, não vai conseguir e o pouco que consegue acaba perdendo.

"Por que minha vida não vai pra frente?". Porque você tem um trauma de erro. Quando fez um erro, no seu orgulho ficou humilhado com aquilo, se envergonhou e passou o trauma para o bicho que agora ficou em estado de alerta. Vai evitar tudo que represente risco de vergonha e não vai prosperar. Assim que começa o empreendimento já vem a pergunta mental: "será que vai dar certo?". Importou a dúvida, vacilou. É melhor parar porque não vai dar certo.

Para vencer, ele tem que trabalhar a causa que é justamente a vaidade. Diante de algum erro, precisa mudar sua atitude. Por exemplo, ao tirar o carro da garagem, arranha-o. "Ah, isso não tem problema. Isso eu conserto. Bobagem!". Ou seja, não pegou no próprio pé. Na hora do pior se deu força, foi positivo e ficou ao seu lado.

"Ah, essa multa não é nada. Eu pago". Ele se apoia em vez de ficar no drama, no lamento. Na hora do pior, se apoia. Ele banca e diz: "nunca mais isso vai acontecer". Seu bicho recebe o recado e não deixa acontecer mais. Agora, se ficar no drama, o bicho entende que ele valoriza o drama e vai acontecer de novo.

E no resto é assim. Se ele perceber que você fica a seu favor sempre, sempre estará a seu favor, na carreira, na sorte, nos relacionamentos, na saúde, em tudo.

Os grandes homens de negócios não estão nem aí para os outros. Eles seguram a coisa deles, são chamados de egoístas, de individualistas, de materialistas, principalmente no Brasil, mas não dão importância para isso. "Eu faço; eu quero fazer;

eu acredito e se não der, dane-se, eu faço de outra maneira". Sempre dão um jeito. Eles não andam como os outros, não se vestem como os outros, não fazem nada como os outros e fazem tudo do seu jeito e não dão a mínima para o que o povo fala.

Na verdade, até manipulam isso, porque têm que vender os produtos para os ignorantes. Eles ficam na verdade deles e o resto na ilusão, cheio de preconceito.

Para vender um produto, que seja um carro, o empresário vai usar a ignorância do comprador. Ele poderia ter um carro bom, às vezes mais barato, mais útil, mais interessante, mas vai comprar o carro da moda porque todo mundo quer, porque a maioria faz assim. Ora, o empresário só está usando a vaidade dos outros. Quem manda ser vaidoso? É o povo que está errado. É dessa forma que esse homem tem sucesso.

O que eu quero enfatizar com isso é que tudo vem da pessoa. Que nós moramos dentro de uma máquina, que precisa ser dominada, que é o bicho fazendo as experiências para a gente, e essa máquina depende do que cada um tem na cabeça. Só nós podemos alterar isso, mais ninguém.

Quando alteramos, estamos dominando o bicho. Nós podemos deixar entrar as impressões de pai e mãe, de quem damos crédito. Isso pode trazer prejuízo? Muitos. Às vezes, os pais bons podem trazer qualidades para nós, mas isso só é válido quando tomamos conta da gente, crescemos e nos tornamos responsáveis por nós.

Portanto, perceba que, enquanto você não demolir aqueles velhos padrões, enquanto não começar a manifestar uma outra coisa aí dentro, convencer sua mente a mudar, sentir de verdade de corpo inteiro, colocando o que é importante para você, porque é, vai continuar vivenciando a mesma realidade.

Faça como o jovem que diz: "Vou ter muito dinheiro na vida; tenho certeza de que vou". Ele já se pôs. O bicho já pegou e ele vai, concretiza e não tem nenhum pensamento contrário a isso. Ele está dominando seu bicho. Dominar o bicho é fazer com que ele trabalhe a seu favor e não ficar à mercê da cabeça cheia de influências externas negativas que são as ilusões que o ambiente social lhe trouxe e você pegou.

Cada um está onde se pôs. Quer dizer que aquilo que você pegou de ideias e validou é o que é para você. "Ai, quem diria! Gostaria muito, mas não é para mim". Não vai ser. Depende tudo do que você valoriza.

Sabe aquele homem que valoriza mais a vaidade do que a própria conquista? Vai viver pela vaidade. A vaidade é uma ilusão. É a crença que nossas necessidades psicológicas como aceitação, consideração, apoio, respeito, admiração, amor, confiança e valorização devem ser preenchidas pelos outros.

O que esse homem faz? Quer ser do jeito que os outros querem, para obter o que precisa. Vive dependente dos outros. É o 'tenho que' ou 'deveria fazer de certa forma por que senão serei desvalorizado, rejeitado ou desrespeitado'.

É uma ilusão pois, na verdade, as nossas necessidades só podem ser preenchidas completamente por nós mesmos. É um jogo mental do 'eu tenho que.......... para que os outros me.......... senão ....[medo que o outro lhe faça mal e não o bem que ele precisa para ser si mesmo].

Ele não percebe que só preciso de mim para ser eu. É a independência, a maturidade, já que só somos dependentes quando somos crianças.

Assim, esse homem se acanha e se prende diante de toda situação que exija risco de fazer errado. Diante do possível erro, ele acaba se retendo no seu potencial de produção, de criação e o bicho o segura. Já aquele que não tem essa ilusão com os outros, enfrenta e tolera muito bem qualquer situação difícil, tem muito bom humor, ótimo jogo de cintura, admite que cometer alguns erros na vida é normal. Esse vai longe.

Tudo é assim, inclusive em relação à espiritualidade da vida astral. "Ah, sou muito isso; sou muito assim; sou muito perturbado". É no que você se põe.

Se você entende profundamente que é objeto de perseguições, se ressente muito de qualquer comentário negativo, põe todo aquele negócio ruim dos outros dentro de você e teme, então, obviamente, você é assediado, obsidiado, atrai pessoas agressivas, mal-educadas, sem contar que repele os aspectos positivos, como a prosperidade, por exemplo.

Se você dá importância ao mal que os outros falam ou cultivam ele vai afetá-lo e fazer o seu bicho sentir que deve dar importância para o mal e trará sempre o mal na sua vida.

Tudo que o bicho faz é seguir você e tentar segurar a sua barra. É você o responsável por tudo de bom ou de ruim que acontece na sua realidade. É como se dissesse que vai fazer suas necessidades todos os dias às dez horas da manhã, ele aceita e seu corpo faz. Não é assim quando você estabelece um horário para o almoço? Chegando próximo daquela hora o estômago já começa a incomodar. Ou, então, o que é muito comum, quando você estabelece que precisa acordar tal hora e acorda, certo? É o bicho obedecendo.

Isso tudo mostra que, se ele age nos aspectos fisiológicos, por que não agiria também no ambiente, na realidade? O ambiente faz parte de você, não está separado. Esta é a novidade que eu quero trazer para você que está lendo esse livro.

4

A LEI DA POSSE

O bicho é um sistema variado de setores ou aparelhos, como o sistema imunológico, nervoso, digestivo, circulatório, mas, veja, é tudo um corpo só. Fisicamente a ciência divide em sistemas individualizados. Para que esses sistemas existam há a necessidade de outro muito maior, que é o sistema anímico.

Em primeiro lugar vem a estrutura do perispírito ou corpo astral e tudo que tem nele que, não só está gerando o físico como é o controlador de todo o sistema perispiritual, cuja matéria não passa de uma camada sobre o perispírito. O que existe é uma atração magnética da matéria sobre o perispírito.

Podemos estudar o bicho nos seus aparelhos internos. Pegue um animal e veja seus aparelhos, seus órgãos internos. Esses aspectos, esses sistemas dentro da gente são fundamentais. Parece que estão separados, mas formam um todo único.

O sistema da unidade é o que mantém o EU, é a individualidade que, de certa forma, define você como um todo. A definição da individualidade não tem separação do mundo externo. Enquanto você fala fisicamente da pele como uma divisão do seu mundo interior do mundo exterior que é o ambiente, no mundo anímico essa divisão não é válida. O mundo anímico toma o ambiente como parte dele. O ambiente também pertence ao bicho.

Pegue uma situação na sua vida. Você pensa que ela está lá e não pode fazer nada como se fosse independente, à parte de você, mas não é. Ela é uma extensão sua. O ambiente é o reflexo do seu mundo interior. É apenas um reflexo, contudo, é você. A sua realidade é você. O quanto você ganha de dinheiro é você. Você ainda não é mais para poder ganhar mais. No dia em que você for mais aí dentro, vai ganhar mais.

"Ah, por que o amor é assim?". Não, ele não é nada assim. É tudo bobagem. Tudo é você. Crenças, valores, posturas, pontos de vista que são você próprio, é o que define, que faz sua realidade.

Ora, para o mundo anímico não há diferença e a prova disso é que o seu corpo, ou bicho, reage da mesma forma diante de uma fantasia como em contato real com alguma coisa do ambiente. Como já disse antes, não faz diferença para o bicho se você está se masturbando ou interagindo com alguém num ato sexual.

Do mesmo modo, se você pensar que há um perigo, ele vai causar medo e defesa. Se tem ou não um perigo lá fora ele não está nem aí. Vai reagir da mesma forma.

Não há divisão no universo. Tudo está ligado. É tudo uma coisa contínua. A separação existe apenas para estudo. O corpo físico não está separado do ar, está? Ele não vive sem o ar, sem a comida, sem o ambiente, sem a gravidade, então faz parte. Lá fora é só uma questão de postura, não é o real.

Se algum encarnado se aproxima e conversa comigo, parece que não está em mim, mas está. Toda a energética da pessoa se mistura com a energética do ar e mistura com a energética do meu menino, que se mistura com a minha. Onde começa um e acaba o outro é só convenção. Convenção é postura. Se você está perto de mim, nossa energética se mistura e você pega minha sabedoria sem eu falar. Estou aqui só exalando, sem falar, você pega uma série de informações por intermédio do bicho. Você olha para a pessoa que está mentindo e já percebe que é falsa, enquanto outra não é.

Isso ocorre porque o ambiente é você, a menos que você ensine o bicho: não aqui, sim aqui, e ele aprende. Não que ele separe, porque nada está separado. O que ele faz é dar um arranjo, isolar uma coisa ou valorizar outra de acordo com o que você manda, mas não há divisão.

Esse sistema central, único do EU apenas diferencia, mas não separa. O que é difícil do povo pensar é que é diferente, o que não quer dizer que esteja separado.

Para entender melhor o que estou explicando, imagine o relevo do planeta inteiro. Tudo é uma coisa só. Nem os oceanos estão separados porque sob eles há terra. Cada cantinho da Terra tem uma característica diferenciada. Você está lá nos pampas, a paisagem é aquela. Na Amazônia é assim, nas montanhas é diferente, na praia é assim, e cada pedacinho da montanha é diferente, no entanto, tudo é a Terra.

As diferenças é que fazem a individualidade. O que eu quero dizer é que, pelo fato de eu ser eu e você ser você, só significa que somos dois espaços diferenciados, mas estamos ligados. Eu tenho uma forma e você tem outra. Isso é o bicho e ele vê diferenças.

A questão do ter a ver ou não ter a ver é uma educação de outra parte dele, do sistema. O EU diz: aqui é diferente, aqui é relativo. Até onde vai o aqui?

Você tem um filho, você acha que o filho é aqui, que é seu filho, não é isso? Então, o bicho considera que seu filho é você porque você assim considera. O que acontecer com seu filho vai passar com você. A mesma coisa com o marido, com a esposa, com o pai, com a mãe, com o irmão, com o amigo. Nada é seu, nada é você. Tudo é uma abstração do seu eu consciente.

Esse negócio de "é meu" é um negócio sério, como, também, 'não é meu', ou 'não tem nada a ver comigo', 'não tenho nada com isso'. Portanto, todas essas questões diminuem ou aumentam o EU. Pense na rainha da Inglaterra que declara "o Reino Unido sou eu". Até onde vai o EU dessa pessoa? E ainda mais que o povo vira súdito? Então, o que ela fizer vai afetar o reino inteiro.

Até onde vai esse EU? Depende do que você considerar. "Não, porque eu sou Deus, eu sou Cristo, o Cristo mora em mim". E mora, porque não tem tempo nem espaço nessa condição. "Nossa Senhora me ajuda porque eu amo Nossa Senhora e Ela está no meu coração". Tudo que ela fizer a pessoa leva junto, porque o bicho considera. Nesses casos, trata-se de uma postura positiva, pois, sendo essas entidades muito mais evoluídas que nós, podemos tirar proveito, não é?

"Sedes perfeitos como o Pai que está no céu". Para ser perfeito como o Pai que está no céu, você tem que ter o Pai em você. Mas, como é que ponho o Pai dentro de mim? Tudo não é uma coisa só? Tudo não está ligado? Por que o Pai estaria separado? Você põe o Pai dentro de si reconhecendo que você é a extensão Dele. "Eu reconheço o Pai em mim; Reconheço que o Pai sou eu". O bicho entende isso e considera, porque você coloca o EU central no eu consciente. O Eu central nada mais é do que o próprio bicho.

Tudo que você reconhece no EU, você é. Por exemplo, "Eu sou rico", tudo vai para a riqueza. "Eu sou saudável", tudo vai para o saudável. "Eu sou importante", tudo que é importante acontece. "Eu estou sempre certo"; Eu sou a lei, assim por diante. Porque é esse EU, o bicho, que mantém a afirmação. O EU central mantém as leis do universo, e uma lei do universo diz que esse EU dá a você o poder de fazer o seu próprio destino.

O bicho é o centro, a sombra central. Se eu estou aqui neste sistema central e digo SOU ou ESTOU, não importa se é algo positivo ou negativo, tipo, sou rico, sou saudável, sou feio, estou arruinado, sou rejeitado, sou azarado, tudo se torna real, ou seja, tudo que você colocar no corpo, no EU central, no bicho que são todos o mesmo centro de força, vai moldar sua realidade.

Esse EU que não está na cabeça — o que está na cabeça é o eu consciente que tem o arbítrio, a escolha — é um centro de força divino que, apesar de abranger o corpo inteiro, se localiza, para efeitos de comando, na coluna vertebral, pois é lá que passa o sistema nervoso. Por isso que, para uma afirmação ter reflexo na realidade é necessário que seja feita com convicção, sentindo no corpo inteiro.

Pode perceber que, quando você sensibiliza a coluna, todo o corpo sente. Assim, quando você fizer alguma afirmação positiva, fale olhando para baixo, como se houvesse um canudo envolvendo toda a coluna vertebral. Lembra, quando você era criança que falava dentro de um cano e sua voz reverberava? É assim. O bicho se sensibiliza com a vibração. Fazendo desta maneira, você convence seu bicho que é a parte sombra do espírito responsável por tornar real, material.

Quando você diz "é", o bicho vê. "Este mundo é horrível", ele só vê desgraça. Não é assim que o povo fala? Por esse motivo a maioria está na desgraça. Ora, é nele que o espírito se liga. É o EU que domina todos os outros sistemas anímicos que são obrigados a se subjugar: o sistema do ambiente, o sensório, o afetivo, da saúde e o sistema da proteção.

Na verdade, o bicho não tem uma forma específica. A gente chama de bicho, essa palavra brasileira tão simples, com característica de um animal forte que precisa ser domado, disciplinado, porque nossa mente não consegue se referir, conversar, falar com algo abstrato que não tem forma.

É um lado que funciona de maneira diferente ao funcionamento do mental. Ele não tem arbítrio, nem discernimento, que é a parte luz do espírito, de responsabilidade do eu consciente, assim como o conhecimento, o entendimento, o esclarecimento. O bicho apenas toma o que o eu consciente aprendeu e procura tornar real, seja algo bom ou ruim.

A constituição das forças anímicas é perfeita e absolutamente sincera. Não tem a menor condição de mentir, de não saber o que é isso, aquilo. O conceito de mentira é da gente, aqui na cabeça cheia de ilusões.

Se você sofre é porque tem ilusões, aí o bicho vai ter que agir, provocando as desilusões. Ele é matemático; regula as funções através do seu grande conhecimento delas, mas não decide. Quem decide é você. Se disser 'estou com medo' por causa da imaginação, conforme foi dito, ele vai provocar todos os sintomas de medo, soltando adrenalina no sangue, para o corpo entrar em estado de estresse, ter taquicardia. Se começar a pensar em erotismo ele vai se erotizar, porque não tem escolha. Se começar a pensar em comida, ele vai ter fome.

"Tô cansado, ai que saco!". Ele reage como se você tivesse carregado uma caixa de trinta quilos numa escada de vinte degraus, porque a maioria dos cansaços das pessoas não é físico, mas criado pelo mental. "Ih, comi muito, vou engordar". Vai mesmo, você está dizendo e o bicho aceita. Você fez, ele reage e, se comer, engorda. É o que você está dizendo para seu bicho. Ele só está cumprindo ordem.

Você combate você mesmo. "Não, porque eu não posso ser assim, que horror, que vergonha", então ele prende e como isso fica preso começa a dar uma disfunção, uma descompensação no sistema da saúde, resultando em doença. Ele cria e faz doer para você perceber o que está fazendo sua ordem de não se soltar.

Todos esses sistemas que estão subjugados ao sistema central a gente poderia até dividi-los em aparelho respiratório, sistema nervoso, sistema circulatório, mas nenhum age isoladamente. O sistema circulatório não funciona sem o sistema muscular. Falhou um, repercute nos demais, porque tudo está interligado.

Essa visão nos leva à conclusão de que tudo o que está fora foi gerado pelo sistema que está dentro, em suma, você é o responsável. Isso significa que se você quer alguma mudança, alguma melhoria na sua realidade, precisa mudar aí dentro. O exterior não é independente do interior, ao contrário, é o resultado.

Seu ambiente, ou sua realidade, é tudo aquilo que você acha que domina, que assumir, que acha que tem a ver com você. Nem precisa ter, basta simplesmente achar, que já é.

Quando a gente toma posse de algo ou de alguém, passam a pertencer à nossa realidade. O outro é seu amigo, então tudo o que acontecer com ele vai refletir em você. Tomou posse da vida do outro? Recebe as consequências de tudo o que ele faz. Disse: "Ah, coitado! Vou dar uma ajuda a ele". Pronto! Já passa a pertencer à sua realidade. Ele, por sua vez, diz: "Bem, já que você me deu, vou pegar e usar". E pensa: "mas não estou nem aí com você". Ele faz um monte de burrada, sai limpo e você paga a conta. Você o possuiu, mas ele não possuiu você.

Outro exemplo bastante comum é o da pessoa que diz: "Sou grata a você, sou grata a ela". Parece uma coisa comum, simples, despretensiosa e até plausível, porém, tem aí uma relação de posse. Tem uma ligação energética.

Mais um exemplo, do padre ou pastor que assume tal paróquia e diz que os fiéis são suas ovelhas. Tudo que ocorrer com alguém daquele grupo de fiéis vai refletir na vida dele. É a postura que conta e não o ato. Ele está lá para ajudar a espiritualizar as pessoas, socorrê-las na fé, enfim, fazer a função do sacerdócio, no entanto, ele pode fazer isso com uma postura interior ou com outra.

É como o médico: "Eu trato dele, mas não sou ele, e não é de minha inteira responsabilidade. Eu receito o remédio, mas, se ele não tomar ou tomar errado, não tenho nada a ver com isso". Ou seja, o médico não sai da sua responsabilidade, mas deixa a do paciente com a dele. Não há uma relação de posse. As duas são somadas, aí pode funcionar o tratamento e os dois ganham, porém, se um dos dois quebrar o acordo, os dois vão perder.

Essa lei é válida para qualquer situação que envolva duas pessoas ou mais. Eu sou profissional e você é cliente, você não é meu. Eu sou pai e você é filho, você não é meu. Eu sou patrão e vocês empregados, vocês não são meus. Eu sou padre e vocês fiéis, vocês não são minhas ovelhas. Assim, as duas realidades andam separadas. O meu, no conceito psicológico é já tomar posse e ambas as realidades sofrem as consequências do que ocorrer de ruim numa delas.

Até onde vai essa realidade? Até onde você tomar posse. Por isso, a pessoa que se dá bem tem a individualidade bem definida. Quando a individualidade é bem definida, a sombra central, o bicho é bem forte, bem consciente.

Aí, ele diz: "Eu sou próspero. Em tudo que ponho a mão dá dinheiro". E dá. Em qualquer negócio tem sucesso. Ele cuida dele. Vive com os outros nas trocas, nos relacionamentos, na vida, mas tudo que ele faz vai com a energia dele. Se ele disser: "Vou fazer esse serviço aqui", não só ele vai bem, como as pessoas que estão ali ajudando vão.

Agora, se um ajudante for muito negativo, aí já não vai. Como ele é muito próspero e o outro é muito azarado, pode cortar a sorte dele. Mas se o patrão é convicto de sua prosperidade, ou o empregado melhora ou será cortado pelo bicho.

Nessa relação de posse, um aspecto importante precisa ser abordado. As pessoas mais passivas ganham com a atuação das mais ativas que têm boa posse de si. Na sua casa quem é o dono? Pode ser o pai, a mãe ou até um filho. Quem é o mandachuva, o fortão da família, o mais sábio? Tudo anda com ele. Se ele for bem, tudo vai bem, mas se ele cair, todos caem, porque as realidades estão misturadas. É assim na família, na empresa, no governo.

Você pode misturar ou não e sua realidade pode ficar onde você colocá-la a partir de suas posturas. Por isso se diz que você está onde se põe. Então, tudo anda com sua energia. Você faz o que quer, mantém suas energias numa boa porque a postura é boa. Tudo anda bem, inclusive a realidade dos subjugados, dos funcionários, da família. É por essa razão que um líder pode ser para o bem ou para o mal.

Tudo depende de você amargar ou não as consequências dos atos dos outros; se você soma aumentando o seu domínio ou permitindo ser dominado. Tudo é escolha. A lei do domínio também determina a qualidade de sua realidade.

Quando se tem uma relação boa com alguém, por exemplo, com um familiar, se você se mantiver neutro, ou seja, sem se responsabilizar por nada do que ocorrer com ela ou ele, as coisas boas que acontecerem com essa pessoa também se refletirão na sua realidade de forma positiva. É que os bichos se entendem. Sua sombra sensória se liga no afetivo, já que vocês se relacionam bem afetivamente. Se ligou no bem do outro, recebe o bem. Se ligou no mal, recebe o mal.

A sombra sensória vai manter ligado seletivamente, dependendo do que você selecionou. "Eu gosto muito dela, mas não tenho nada a ver com a encrenca da vida dela". Só pega o que é bom, o resto não.

No entanto, se você implicou, aí entra e pega, pois tomou as dores dela. Questionou, brigou, criticou, ficou de saco cheio, pega. "Estou no Brasil, tem muita coisa ruim, mas eu me ligo só nas coisas boas". E as ruins? "Não sei, não têm nada a ver comigo e, olha, os brasileiros são ótimos. Ô gente boa!". Não pega nada de ruim, só a parte boa.

"Mas, fulano está assim e você não vai fazer nada? Eu, não. O assunto é dele, a vida é dele, não sei se ele está disposto a querer fazer alguma coisa para que eu possa ser útil".

Porque, se o fulano não fizer certas coisas para mudar, não adianta nada. Então, a gente não se envolve. Respeita, não é? Cada um é cada um. Você é voz, você é sopro, você é o verbo, e o verbo a sua lei e acabou. Isso é assim desde sempre.

Às vezes, a gente conversa com a pessoa, alerta, aconselha, fala com jeito e ela entende. Faz alguma modificação porque ela consentiu mas, fora disso, ninguém pode. Então, há vários fenômenos e tudo somos nós. Quando você se liga, se acredita só nas trevas, sempre está ligado lá. Se você se liga na maldade humana ela está sempre presente na sua vida.

O que você acha que é real? O que você acha que é importante? O que é que você está assumindo no mundo, valorizando, dando peso? É isso que vai compor a sua realidade, porque o povo quer acertar as coisas de fora, mas não vai conseguir nada, pois tudo é dentro. Os controles estão dentro e não fora. Você tem a opção, a escolha. Pode ficar com o ódio ou não ligar.

Sua realidade está separada das outras, de todo mundo e ao mesmo tempo não, só que você não sabe, e pode controlar isso de acordo com suas decisões. As pessoas acham que está tudo misturado, mas não está.

E a situação do país? Ah, depende do que você valoriza. Você vai pôr tudo para dentro? Você é daqueles que dizem "estou assim por causa desse mundo, por causa das pessoas, por causa do ambiente, por causa da sociedade, por causa dos políticos?". Bem, é seu ponto de vista. Você está se incluindo no senso comum e vai sofrer as consequências disso.

Você precisa entender que já tem a intuição aí dentro, mas não a tem de modo claro e assim não assume de maneira clara e também não sabe se locomover.

Desse modo, tem que tomar muito cuidado com esse 'meu', o que tem a ver, o que não tem, pensar no que vai se ligar, o que você vai incluir, o que vai excluir, como vai lidar com essa seletividade determinante e funcionalmente, porque existe de tudo aqui.

Os ambientes não são assim claramente separados. No entanto, na lei, na estrutura dos seres, todo mundo pode transformar sua realidade incluindo ou excluindo o que quiser. Por isso, cada um anda de acordo consigo mesmo, o que transforma a vida e o destino.

Tudo está absolutamente perfeito. Não há injustiça e é tão absoluto, mas o povo demora muito para entender claramente isso, porque é uma verdade nova que muda radicalmente o sentido da vida. Noventa e nove por cento das pessoas ainda não tiveram acesso a essa verdade.

Quando você vai para dentro de si, é ali que tem que encarar e resolver tudo com seus bichos, com seus aparelhos, com esses mecanismos a que nós estamos dedicando neste livro.

O sistema de integridade, por exemplo, vai funcionar de acordo com suas experiências. Perceba que não é o que você pensa, mas o que já sentiu. O bicho é sensório. Ele arquiva as experiências. Você se meteu num rolo dramático aí, cheio de ilusões, depois vieram as desilusões, não foi isso? Você se arrebentou todo e ele guardou, arquivou, e vai lutar para que isso não se repita mais. É função dele preservar sua integridade.

Ele vai lutar, mas o inimigo é você mesmo; vêm as doenças autoimunes que é você brigando com o ambiente que pôs para dentro. Você briga consigo, briga com o ambiente, briga com tudo. É o próprio bicho brigando para sair daquilo que você pôs para dentro e não deveria ter posto, para preservar sua integridade.

Quando você muda a postura interior: "Só me ligo com o bom, só me ligo com o bem", joga fora o ambiente ruim que você vem cultivando, excluindo-o da sua realidade. Agindo assim, seu sistema imunológico para de lutar contra isso e passa a defendê-lo, o que naturalmente precisa acontecer. É assim que você separa de si toda ruindade do mundo. Essa frase precisa ser dita a todo instante, toda vez que surgir algum pensamento negativo.

Desenvolva o hábito de ver beleza em tudo e relevar aquilo que a maioria acha feio. Procure ver as virtudes da pessoa e não os possíveis defeitos, mesmo porque nada é feio e nada tem defeito. É apenas a visão daquilo que é deturpado porque você aprendeu assim. "Ah, mas no Brasil tem muita sujeira". Eu não acho. Este país é muito lindo. É o país mais bonito e mais rico do mundo. "Ai, tive uma sorte danada de nascer neste país belo, forte, impávido colosso e gigante pela própria natureza. Ai, tenho uma vontade de beijar este chão!". Em qual Brasil você se põe? É naquele que você vai estar. Seu bicho não está nem aí se é real ou imaginário. Ele vai agir segundo suas convicções e determinações.

Portanto, o corpo não está isolado. Todo seu ambiente faz parte dele. Nunca separe corpo de ambiente. A única coisa que pode separar é o eu consciente que está na cabeça, o EU que escolhe, que arbitra, que observa, que pega as informações, que produz ideias, isso é, isso não é, isso é assim, isso é assado.

É também o EU que se transforma no EU CENTRAL, da posse de si, da individualidade, da unicidade, da unidade, o EU que determina, que gerencia. Aquilo vira a sua realidade, uma realidade que não se mistura com as demais realidades. Uma realidade que não se contamina com o ruim, porque está bem determinada, separada e só assim é possível fluir.

Mais uma vez, tudo depende única e exclusivamente de você. É para aí dentro que você precisa se dirigir a todo instante. Esqueça o mundo lá fora. Ele é apenas consequência daquilo que você já determinou. Não se pode mexer nas consequências porque já são.

Você precisa mexer nas causas para mudar as consequências. E as causas, obviamente, estão aí no seu EU central, no seu bicho que é o responsável por somatizar, materializar, transformar em realidade aquilo que você deseja.

Volte correndo para si. Volte para casa. Volte para a Fonte de onde você veio que, seduzido pela matéria, esqueceu que é a própria Fonte. Seu único limite é você. Isso é domínio. Isso é poder, aquele poder infinito que todo mundo diz que cada um tem, mas não sabe como acessá-lo.

Agora você está aprendendo como acessá-lo, como senti-lo, ou melhor, como ser ele próprio, a ponto do eu consciente e ele se confundirem num só e, então, você vai ter consciência de que é a extensão de Deus, que é o próprio Criador e poderá criar sua realidade na perfeição divina.

Você nunca responde para ninguém. Não tem ninguém o observando, não tem ninguém anotando ou julgando você, não tem ninguém condenando ou absolvendo-o, não tem ninguém recompensando ou controlando-o, a não ser você mesmo. Volte correndo para casa de onde nunca deveria ter saído.

5

O SISTEMA DE DEFESA

Já disse que o bicho é o nome que se dá a um conjunto de aparelhos anímicos que estão no inconsciente. Esses aparelhos se relacionam entre si, mas constituem um único sistema praticamente com funções únicas.

A função da defesa, que se expressa no corpo físico, é conhecida pela ciência como sistema imunológico. Na verdade, esse sistema é do corpo astral que, quando está no corpo físico, faz o trabalho nele. Sem ele, o corpo físico não é nada. É só matéria densa, sem vida.

O sistema de defesa, basicamente, defende a individualidade, a integridade do ser humano. Ele é evoluidíssimo porque aprendeu através de todas as experiências desde quando o animal era unicelular. O aprendizado está registrado na memória celular. Ele detém o poder de manter você sempre íntegro, na sua individualidade. Você é sempre você e, por mais que seus corpos se transformem, ele vem adaptando-os, como ocorre no processo de reencarne.

Ele tem que manter sua integridade, por isso precisa ter condições de regenerar, de curar e de estar de acordo com a sua evolução. A pessoa morre aqui, cheia de marcas desta vida, ele tem que regenerar para ela continuar a sua jornada no astral. Ele funciona de uma maneira brilhante, dentro da capacidade dele mas, como é bicho, tem que ser na linguagem dele.

A mente não determina, ou seja, o eu consciente e as coisas que equaciona não contam, como é o caso do coração. É claro que tudo que a mente produz interfere no cardíaco e na circulação sanguínea, mas quem mantém essa circulação é o sistema de defesa enquanto você estiver aqui na Terra e depois que morre, porque o corpo astral também tem circulação, pois um é cópia do outro.

O que você precisa entender é que o bicho funciona na inteligência. Ele sabe que você tem um arquivo de experiências passadas, e ele tem que classificar o que é bom para continuar porque faz parte do seu progresso, e esse progresso tem que ser mantido. O que não é bom, ele tem que lutar contra para não ficar em você. A missão dele é seletiva. Precisa manter o que tem a ver com sua individualidade, o que tem a ver com seu futuro, com seu caminhar, com seu evoluir, o que tem a ver com seu espírito, com seu centro individualizado. O que não tem a ver, ele precisa jogar fora.

Dessa forma, ele está lidando muito com o seu livre-arbítrio. Na verdade, considera as coisas que você aprendeu para o seu bem e, daí para frente, passa também a contar com aquilo. Agora, se no meio daquilo você fizer alguma coisa contrária, ou enfia para dentro uma conversa, um pensamento contrário, se impressiona com o mundo de fora, ele tem que rejeitar.

A rejeição nem sempre é direta na coisa contraditória, isto é, afastando aquilo. Dependendo do que você estiver fazendo, poderá afetar diretamente seus sistemas, dando origem ao que chamamos de doenças. A doença é uma tentativa de ele arrancar o que não é mais adequado para o seu atual estágio.

O bicho sempre ganha, mesmo que para você signifique uma perda. Se você insistir naquilo, ele vai deteriorando seu corpo até tirá-lo do reencarne, caso não mude de vida, de mentalidade, de valores. Ele tem que preservar você no seu atual grau de evolução.

O bicho sempre ganha porque tem que preservar você na eternidade. Não pode deixá-lo manter algo que não é mais para seguir. Não pode deixar que sua individualidade perca o poder de ser ela mesma, muito menos copiando os outros, indo na conversa dos outros. Cada um precisa caminhar na sua individualidade.

Ele também sabe que não pode reagir em muitas coisas que você faz quando está na ignorância, na inocência. Você está naquilo, não tem a menor consciência daquilo, não teve vivência daquilo, então ele não reage.

É como a criança que faz algo considerado errado pelos outros e não sente a menor culpa. O bicho dela vai considerar aquilo como certo. Ao mesmo tempo, você vai vivendo, sentindo isso, sentindo aquilo, experimentando, vivenciando aquilo, tirando conclusões e aprendendo a fazer de forma diferente, mais inteligente. Então, ele muda o critério. Passa a considerar a nova forma e, se você a contrariar, voltar a fazer do jeito antigo, aí sim, ele reage criando sintomas.

Ele fala: "Ah bom! Agora ele já sabe. Se voltar a fazer como antes eu não vou protegê-lo". Ele trabalha em coordenação com a consciência. Se a consciência tem lucidez daquilo, ele não assume responsabilidade, deixando na responsabilidade dela. Se você não tiver consciência, fica na responsabilidade dele e não reage. Vai dizer: "Tudo bem". Ele só assume responsabilidade porque aquilo é inconsciente para você, mas o que é lúcido para você, não. Ou seja, toda vez que você fizer alguma coisa que não seja o seu melhor, irá sofrer e até ficar doente. Se continuar a fazer sempre seu melhor, sempre terá saúde e prosperidade.

Diante disso, você pode pensar: então quer dizer que, para sair da ignorância, o bicho, de alguma forma, vai instigar a pessoa, tendo em vista que o espírito dela deseja que ela melhore cada vez mais? Não. Ele não é instigador da evolução. Ele só é o mantenedor dela. Ele mantém a integridade da pessoa. Quem faz o trabalho de evolução é o EU maior.

Ele trabalha vinte e quatro horas por dia. A única pele que a individualidade tem é ele. É uma pele magnética que protege a individualidade, que protege os corpos, a fim de manter constantemente sua integridade.

Você passa anos de sua vida exposto a tudo quanto é vírus, tem imunidade, mas começa a mudar, entra numas coisas aí na cabeça, umas coisas emocionais, começa a mudar seu jeito de ser, já começa a negar suas experiências, sua verdade, seu conhecimento, então ele vai dando sinal para a consciência: "Escuta, olhe o que você está fazendo. Eu não posso fazer mais porque agora que você tomou consciência de coisas melhores. Você sabe que isso não pode. Por que está insistindo? Eu vou puxar sua consciência". Ele não faz para puni-lo. Faz para puxar a consciência, porque na medida que a consciência evolui, se torna mais lúcida e mais inteligente. A consciência é que tem que tomar o cuidado de preservar, enquanto ele é submisso a ela.

"Eu fazia assim, mas sabe, me amolava muito com as pessoas falando mal de mim. Agora, não mais. Não tô nem aí com esse povo". Já tem uma consciência maior, porém, de repente, alguém fala uma besteira, você entra e resolve se magoar. Ah, acabou! Você sabia fazer o seu melhor e não fez.

Aí, vem o bicho e diz: "Não posso atuar porque já passei a consciência para ele e não posso voltar atrás. Vou exagerar isso no corpo dele para perceber o que está fazendo contra si".

Isso é sintoma que vocês chamam de doença. A pessoa tem que enfrentar aquilo até consertar, morrendo ou não, porque a morte não altera nada. Tudo continua no astral até a pessoa enfrentar e tomar a posição para voltar para o seu melhor: "É mesmo. Bobagem essas conversinhas que dei ouvido. Eu sou mesmo assim e acabou. Não tem problema nenhum". Pronto! Some o que vocês chamam de doença.

O bicho mantém sua integridade de acordo com a sua evolução. É só isso que ele pode fazer. Então, se uma coisa fica em nossas mãos porque já sabemos, ele não vai agir. Não vai ter defesa. Não tem Deus, não tem mentor, não tem ninguém que possa interferir tirando aquilo. Ajuda sempre tem para ver se a pessoa reage no sentido de tirar a causa.

Enquanto não tirar a causa, não se cura. O ser humano está acostumado a usar a medicina e seus remédios. Não estou dizendo que isso não seja bom, mas nunca vai curar. Curar é tirar a causa.

A pessoa doente está sempre correndo para cá e para lá, termina uma coisa e começa outra, até que se resolva. A medicina socorre e é bem-vinda, no entanto não cura. O povo diz que cura, mas não cura porque a causa permanece lá.

Nos trabalhos de cura, algumas conseguem alcançar a graça, como se diz, porque pegou aquilo, botou fé, mudou uma postura interior e se curou. Outras já não conseguem porque insistem em manter a causa. O curador sozinho não cura ninguém. Para haver o milagre precisa ter o intercurso do milagreiro e do doente. "Tua fé te salvou. Vai e não peques mais". Não era assim que Jesus falava?

Quando você está com muita fé em Deus, primeiro Ele manda a mensagem: "Olhe, isso aqui está errado, corrija". Se você corrigir, a cura vem e o milagre acontece. Deus não vai enfiar a mão e tirar aquilo sem que você mude, conforme a mensagem Dele. A mensagem é um alerta de que você tem que mudar. Ninguém fica sem alerta.

Quantas vezes você não deixou de comer algo porque veio o alerta do bicho: isso vai fazer mal! O bicho é Deus alertando. Não obedeça para ver o que acontece. Na primeira vez, quando você estava na inocência, só criou sintomas e você aprendeu e deixou de ingerir aquilo. Na segunda, se você insistir, não terá proteção porque já sabe. "Ah, mas por quê?". Bicho não é de explicar absolutamente nada. Ele não é dialético. Ele se expressa por meio dos sintomas. No sentir, você aprende.

Portanto, se você fizer seu melhor, não vai sofrer. O melhor não é moralismo, porque devo, porque não devo, porque tenho que ser bonzinho, cristão, porque fui ruim com o outro. Não é nada disso.

A culpa pode ser também instrumento de sofrimento. Não porque você achou que foi errado. Não é o ato que você fez ou deixou de fazer, mas devido à vaidade que está por trás da culpa. Na pretensão de ser perfeito, você se condenou. Caso se mantenha na sua razão, na sua verdade, no seu aprendizado, que é o seu melhor, nada de mal irá lhe acontecer.

"Ah, o povo me encheu o saco, mas eu não me amolei, aprendi a deixar de lado porque é um povo ignorante, não estou nem aí". Bom, você aprendeu e se deu bem.

Agora, se alguém falar e você entrar e se impressionar, já não está no seu melhor, está? Às vezes, a gente demora para aprender alguma coisa, mas depois que aprende, toma consciência. Mas o eu consciente é que precisa bancar.

Por que, quem é o dono? É aqui em cima. O bicho só está fazendo o trabalho para ajudar o dono. Não o está destruindo, só avisando. É o seguinte: "Eu não tenho mais condições de mexer porque você é o patrão. Se está fazendo serviço porco eu só tenho que avisar, antes que algo pior venha romper sua integridade".

Ele tem que causar doença, tem que causar um sintoma para você olhar para si e poder mexer com o corpo. Quando faz doer, você vai se cuidar, e se cuidar significa voltar para si. Portanto, veja lá o que você está fazendo consigo.

Os reflexos se dão não apenas no seu corpo, mas também em tudo que diz respeito à sua vida, porque ele isola magneticamente tudo o que é seu, que você tem posse, que lhe pertence, como seu carro, sua casa, seus sapatos, seu cigarro, enfim, tudo que você pôr sob seus cuidados. Se você pediu um livro emprestado de alguém, no tempo em que você ficou com ele, está magneticamente ligado ao livro.

Como é que você se comporta com o ambiente social? Se está fazendo o seu melhor, está tudo garantido, senão, vai sofrer as influências negativas do ambiente.

O sistema de integridade é o nosso protetor, que às vezes chamamos de guardião, outras vezes de anjo da guarda, com esses nomes que o povo põe, como se tivesse alguém de plantão para socorrer nas necessidades, tomando conta de você, mas nada disso existe.

É o sistema que existe, que está dentro de você. Acontece de você estar no terreiro de umbanda, tem um exu fortão ali, mas não é nenhum desencarnado. É o sistema dele, de força de bicho forte que está agindo.

Embora a função do bicho seja a mesma, cada um é um. Um tem o corpo e os braços finos e, na hora da defesa, vai dar conta do recado com um tipo de agilidade. Outro, mais truculento, mais forte, poderá usar a força física para se defender e o outro usar a inteligência. Cada estrutura tem sua coisa, que no momento certo dá conta do recado e sai daquele rolo como puder.

O sistema aprende a matar tudo quanto é micróbio, germes tudo quanto é coisa negativa, mesmo que seja nova, a menos que no meio do rolo você entre na energia de uma epidemia que o povo acha.

"Ah, tenho uma coisa aqui na garganta e acho que vou pegar gripe". O bicho não defende e você pega gripe. Agora, se você se mantém na sua postura: "Não, não vou entrar nessa conversa. É bobagem. Comigo não porque tenho uma saúde de ferro". Não pega. O bicho protege. Toda vez que você disser que uma coisa é impossível e considerar possível, está dizendo para ele que pode acontecer.

O problema é que as pessoas não têm maturidade e posse suficientes para poder assumir completamente os comandos e, sem perceber, na ignorância, escutam muito os outros e acabam se influenciando e admitindo.

Quem acredita muito numa ciência amedrontada que afirma: "isso é contagioso e pode pegar", não sabe que o sistema dela não vai reagir muito bem, até porque na consciência a gente é assim.

Na verdade, você está exposto em uma metrópole como São Paulo a todo e qualquer tipo de porcaria. Você não sabe o que vem na comida, de onde vem, por onde passou para poder controlar esse contágio. Por mais que usem todas as precauções, não adianta, porque um que não fez direito já contaminou.

Você está aí numa multidão, no metrô, numa palestra com mil pessoas numa sala fechada com ar-condicionado, a exposição é muito grande. Se não fosse o bicho para defendê-lo, não haveria condições de sobreviver a tudo isso, não acha? Por outro lado, você pode ficar trancado em casa, todo agasalhado, mas se tiver na faixa mental daquilo, não só aparece o vírus, mas o sintoma também.

O que é uma gravidez psicológica, uma aids psicológica, um câncer psicológico? O médico não acha nada, fica doido, não entende, mas estão lá os sintomas. Se o médico for bom e perspicaz sabe que tem uma doença psicossomática, tem um elemento psicológico muito forte aí provocando aquilo, então manda para o psiquiatra porque acha que os psiquiatras entendem do assunto. Desde a época de Freud fazem isso. Sabem que é uma coisa do inconsciente, anímica, que mexe com o corpo.

Freud tinha grande interesse no ser humano e o estudava porque a pessoa tinha todo os nervos bons, a anatomia perfeita, todos os músculos das pernas bons e não andava. O que é isso? No estado de hipnose andava. Depois do transe não andava mais. Foi aí que ele começou a achar que tinha algo no inconsciente e que havia outros mecanismos por trás. Isso é a razão de tudo.

Por que numa hora você está exposto a todo mundo e de repente pega um troço? Ah, tem coisa aí, não acha? O povo tem que entender que, se o corpo funcionou direitinho, foi perfeito até agora, por que de repente tem um sintoma? Por que o sistema parou de funcionar? "Ah, porque é assim mesmo, porque é a idade...", dá nome, faz todo o tratamento, melhora e daí a pouco volta. Melhorou o estômago e pegou o rim. Melhorou o rim, pegou o pulmão. O que é isso? Não tem nada a ver com a idade.

Tem coisa muito errada aí. Não adianta tomar um monte de droga, porque a droga neutraliza certos sintomas que o bicho poderia combater. Então, a pessoa está combatendo o bicho. "Ah, mas ela sarou com esse remédio e morreu com noventa anos". Não sarou. Só postergou o problema. A morte não conta nada. Ela morreu com a causa e vai ter que tratar com o bicho no astral, porque corpo astral é bicho. Se não resolver no astral se reencarna com os mesmos sintomas.

Muita droga combate o bicho. Por isso que muitas vezes a pessoa pede ajuda e não consegue nada. Mas, se a pessoa for no espiritual ou em algum lugar de trabalho xamânico, onde se aplica nela uma grande soma de energia, de bioenergia, então o bicho entende que é para tirar, porque há uma conexão direta com o bicho e a cura se processa.

Xamanismo é bicho com bicho. Os dois se entendem. E se for um bom xamã que sabe das causas, vai dizer: "Olha, você é assim, assim. Tem que mudar isso, cuidado com aquilo". Se o paciente não considerar, volta tudo.

"Ah, eu fui naquele centro lá, melhorou, mas voltou tudo. Isso não funciona". Não é que não funciona. O que acontece é que a pessoa não fez sua parte. Brasileiro é assim. Quando está desesperado vai procurar esses lugares, melhora, mas depois negligencia. Depende de cada um.

Quando chega lá, muitas vezes, já sente a energia do lugar, porque tem alguma coisa diferente no ar e se liga naquilo, no universo, no centro da vida, no espírito da vida, em Deus e, geralmente, aparece alguém que recomenda: "Olhe gente, se vocês ficarem muito no rancor dos outros, vão ter problemas". Já deu uma dica de mudança, porque bate com a verdade do espírito.

A pessoa entra naquela intenção e se cura realmente. Ela pensa em Deus, de acordo com sua religião, não importa. É o espiritual dela, e o bicho, que é o que cura, é espiritual, é a parte divina em nós. O que vale é a intenção, aquilo que representa para ela o não material, o elevado, a força superior. O bicho não vai discriminar. Ao contrário, vai apoiar porque na experiência dele e na sabedoria, sabe que a pessoa está se relacionando com ele.

A pessoa começa a contatar, a voltar naquela coisa de quando era criança, adolescente e acreditava no invisível, nas forças superiores que aprendeu dos pais, da religião. Apenas entrou no psicológico, somado a um simples passe energético que sensibilizou seu bicho, conseguindo a cura. O bicho entendeu perfeitamente que ela saiu do seu pior e foi para seu melhor, na época em que sua vida era muito boa, sem doenças.

Tem gente que tem uma vida muito boa, mas depois se perde aí nas coisas. Quando ela volta para o bom, ocorre a cura. Você pode fazer isso com as pessoas doentes:

Me diz. Quando começou isso, mais ou menos? Ah, há alguns anos. Aí, você pergunta: Como é que você era antes, numa época em que você estava muito bem? Ah, eu era assim, assado, não ligava pra isso, pra aquilo. Mas, por que e o que você mudou? Foi por isso, por isso.... Daí você propõe: Então, vamos fazer uma experiência: volte a ser aquela pessoa e jogue fora essa que você pegou. Suas coisas e seus negócios iam bem, né? Iam. Eu não pensava em muitas coisas. Eu ia fazendo, sabe? Aí, numa hora você parou pra pensar, né? Parei. Você começou com uma maldade aí dentro, com medo, não foi? Foi. Mas, isso não é o seu melhor. Tudo estava indo bem porque você não tinha besteira na cabeça e estava mais na sua. Então, de tanto os outros falarem você entrou, não foi? Isso mesmo. Por isso que está todo arrebentado. Vamos fazer o seguinte: nesta semana você vai ressuscitar aquela pessoa com todo o seu coração, tá legal? Tá.

Não conta um mês e a vida dela começa a se curar, a mudar, a voltar o que era antes. Agora, faça isso com você também, para ver como sua vida vai mudar para melhor. Seu bicho já sabe. Pare de ligar para a falação dos outros, volte naquilo que era. Volte para o seu melhor. Mande seus pensamentos de medo, essas doutrinações todas embora e comece a se pôr no seu melhor, a se pôr em primeiro lugar para ver como sua vida vai se abrir!

Assim é em todas as áreas da vida. Na saúde, nos relacionamentos, no profissional, em absolutamente tudo, porque o bicho usa a mesma linguagem para tudo.

"Nossa! Como aquela pessoa sarou sem tomar remédio, sem ir ao centro?". Simplesmente ela voltou para seu melhor, voltou à postura anterior e parou de dar importância para a conversa medrosa dos outros. Ela foi procurar curar a causa e entrou em consonância com seu bicho que fez o serviço.

A maioria das pessoas que melhorou, foi porque elas começaram a agir assim quando chegou um dia em que estavam tão cheias de escutar os outros, de ter juízo, que têm que não sei o quê, que têm que ser responsáveis, e isso pesou tanto que acabaram por se render. Aqui no Brasil o 'ter juízo' é algo mortificante. Não é a consciência, a responsabilidade das coisas que edifica, que conduz à verdade. É um juízo, um excesso de cuidados que só causa doenças, desarranjos e começa a cair tudo em volta.

A pessoa era alegre, desenvolta, bem-humorada, tudo fluía na simplicidade até que foi promovida. Depois que virou chefe, mudou a personalidade para fazer um papel, entrou na conversa, nos medos, nos 'tenho que', começou a colocar a negatividade que não tinha e acabou contraindo uma doença.

O bicho não quer saber disso. Ele não está nem aí para o cargo de chefia, para as novas responsabilidades. Interessa manter a integridade, e se você deixou de fazer seu melhor ele vai agir:

116

"Que tal uma doencinha para você voltar ao que era? Ah, não atendeu meu recado? Que tal uma doençona pra você ficar parado numa cama de hospital para me ouvir?".

Não é que ele raciocine assim, porque bicho não raciocina. Bicho sente o que aprendeu de melhor com você. Não volta atrás um milímetro sequer. É daí para frente. Ele precisa respeitar a lei da evolução. E se você fugir disso, vai pagar o preço.

No caso da pessoa que foi promovida a chefe, se ela continuar na sua, respeitando seu temperamento, sua individualidade, seu jeitão de ser que é único, bancando a dela, não vai muito tempo estará no topo da empresa. Não é só ter a capacidade de entender as funções que desempenha. Tem que ter a capacidade humana que não é apenas a formação, é muito mais que isso. É uma inteligência que transcende a área dela que é entender como funciona a estrutura humana.

Essa estrutura não depende de escolaridade, não no sentido acadêmico. É para qualquer um, em qualquer lugar, em qualquer época, em qualquer situação. Isso é muito sério. Quando a pessoa se preocupa em usar o seu melhor, aquilo que funcionou, o que faz bem para ela, que acerta com ela e mantém aquilo para si para seguir adiante, ela não entra no drama, não é influenciável, não há nada e ninguém que a impeça de chegar aonde quer chegar.

As pessoas são muito influenciáveis e por isso a qualquer momento podem cair, porque têm uma cultura corrupta. A corrupção nada mais é do que entrar no ideal em vez do real. No real você vai seguindo a sua natureza, porque você é diferente, suas coisas são diferentes e você tem que seguir as suas medidas, seu alcance, seus limites. Você tem que seguir seu próprio sentir, seu próprio ver, seu próprio estar. Se você está bem na sua, a vida segue perfeita.

No entanto, se a pessoa entrar na corrupção, tipo, você não pode ser assim, você é chefe, é casada, agora você tem um filho, já não pode mais nada daquilo, ela se acaba inteirinha.

O que acontece? Engorda, se estraga, fica desleixada, desinteressada e acaba até odiando o fato de ter sido mãe ou pai, uma coisa muito bacana, mas o preço ficou muito caro e não vê a hora de que o filho cresça porque já não tem mais aquele prazer em lidar com ele. Ela não odeia o filho, mas a situação em que se envolveu depois que o filho chegou. Encheram tanto a cabeça dela com esse papel de mãe e ela entrou naquilo, aí ficou um inferno, e o que era muito interessante e belo virou um tormento.

Mas o tempo faz a gente se perder nas experiências e depois chegar a uma conclusão muito séria: ou vai do meu jeito ou não dá para ir. À medida que você vai tendo clareza disso, de parar de desempenhar papéis só porque agora é isso ou aquilo, que você adota ser natural, real e não ideal e largar mão dessas frescuras, parar de pegar no seu pé e andar do seu jeito, conforme sua alma, seus sentimentos, aí o sucesso vem em todas as áreas da sua vida.

Vem também a segurança nos seus sentimentos, a segurança na sua experiência, em tudo aquilo que é significativo para você, que faz muito sentido, e já não importa mais o que vem dos outros.

E também, se você digerir positivamente o que vem dos outros, mesmo porque aprendemos muito com eles, terá um grande avanço. Depende de quem veio, daquilo que a pessoa é, do quanto ela sabe. Ao aprender do outro, você sente, vê e coloca na prática e percebe que é bom à medida que começa a ser realmente seu. Não é o que aprende com a cabeça e nunca usa. Isso não conta porque o bicho não quer saber da cabeça, mas o que você envia para o corpo, continua repetindo aquilo até que você sente uma coisa ainda melhor e troca. O bicho é assim. Sempre quer o melhor do melhor do melhor, porque ele trabalha pela evolução.

Você tem que parar de perguntar se está certo, o que está certo. Olhe a situação de ordem, se está positiva ou não. Perceba como se sente, se está bem ou não, se é importante ou não, em vez de ficar perguntando o que achou.

Primeiro tem que sentir o que fez e como aquilo está repercutindo no seu corpo. O que não estiver, você não pode fazer nada. Se estiver naquilo de usar positivamente, então é bom. Sentiu bem, é seu. Não sentiu ou repercutiu negativamente, jogue fora porque, se não jogar, o bicho vai insistir cada vez de forma mais contundente até que você mude de postura.

6

VOCÊ NÃO É UM, MAS DOIS

O que chamamos de corpo físico no astral, na verdade, é o corpo astral que está aqui, sólido. É matéria astral. A matéria astral e a matéria física têm densidades diferentes, embora sejam ligadas profundamente.

São camadas semelhantes às ondas de rádio, curtas, médias, longas, porque têm naturezas diferentes devido à organização molecular também diferente. Um corpo é sólido aqui, o outro é sólido ali, paralelamente, mas estão ligados. Aqui no astral onde estou, temos o corpo, a vida, tudo adaptado ao planeta, ao mesmo tempo em que há a possibilidade de reencarne.

O que é isso? Bom, tendo em vista que um corpo tem um óvulo e esse óvulo esteja prestes a ser fecundado, os espermas ficam em volta dele, grudados. Quando o perispírito se liga ali, por meio do magnetismo, atrai o esperma que tem que entrar no óvulo. Daí para frente todo o desenvolvimento do óvulo vai ser dirigido pelo bicho, ou seja, pela parte da estrutura que a gente chama de sombra, que trabalha no inconsciente e vai fazer o reencarne.

O que é o reencarne? É pegar a matéria física e aglutinar na que o bicho já tem da matéria astral, de tal forma que as células físicas vão se organizando da mesma maneira que são organizadas as células no corpo astral ou perispírito. Essas substâncias vão se organizando através do ectoplasma da mãe, que é a energia que une o corpo astral ao corpo físico enquanto o novo ser está vivo.

O bicho vai desenvolvendo esse processo. Essa ligação entre o astral e o físico faz com que eu, por exemplo, que estou dentro do meu corpo astral, eu espírito, eu lúcido, expandido, grande, fique reduzido, porque a matéria é muito redutiva. É como se a gente encolhesse. Tudo aqui no astral é maior, mas no processo de reencarne é preciso encolher magneticamente para caber no corpo físico.

Poucos são os que podem sair e ficar conscientes. O reencarnado fica inconsciente e o processo ocorre. Ele, o reencarnado, está nela, no astral dela, por isso que a mãe sente tudo e muda muito seus gostos. Mexe muito com ela. É bicho com bicho. Um bicho está recebendo outro bicho dentro dele. À medida que ele vai confeccionando essa união astral e física, etapa por etapa do desenvolvimento, vai grudando no feto. No momento em que o feto se formou quase por completo, então encaixa, enquanto o perispírito continua a diminuir até ficar do tamanho do feto.

Nesse processo de redução do perispírito, a parte não grudada ainda fica na mãe como uma entidade e ainda pode se manifestar. O espírito muito lúcido se manifesta, faz a mãe sonhar, faz barulho, mexe nas coisas materiais e ainda tem contato com o astral. O contato com o astral só cessa completamente depois dos sete anos de reencarne.

Conforme o feto se forma, o perispírito vai se encaixando, ligado magneticamente por uns fios entre corpo físico e o corpo astral. Enquanto a criança está dormindo, os fios desligam, não completamente, ou seja, o corpo astral emancipa, sai, mas a ligação magnética continua pelo que se chama de cordão de prata. É o mesmo fenômeno que ocorre nas projeções astrais.

Por esse motivo que o bebê dorme muito. Ele vai, devagar, aos poucos, entrando na realidade da matéria. E o que é essa matéria? É uma capa em todas as células. Em todos as menores partes ele tem uma camadinha de matéria que mantém magneticamente uma vida própria que é do mundo da Terra. Esse magnetismo são correntes elétricas, magnéticas, atômicas, da estrutura física. O mesmo processo ocorre em todos os animais e plantas.

É tão perfeita essa ligação que é feita pelos dois corpos. O que a mantém é o corpo astral. Se ele se desliga completamente, o corpo físico se desintegra. O que acontece é o seguinte: como o corpo astral não tolera ficar aqui muito tempo, apesar de toda a peripécia da natureza, você tem que dormir toda noite enquanto ele se desloca. Não desliga, só desloca, ficando ligado magnética e energeticamente pelo cordão de prata. Esse processo dura a vida toda. Se não voltar para o corpo físico, significa que o cordão de prata se rompeu, ocasionando a morte, e a pessoa daqui para frente passa a vibrar apenas no astral.

Então, você tem que dormir e voltar, dormir e voltar. Quando dorme, o corpo astral se desloca, se alimenta, se refaz, se regenera, se restabelece. Por isso o sono é uma bênção. Sabe quando você acorda e diz que teve aquele sono reparador e se sente bem-disposto? Foi porque o seu sono foi profundo e seu corpo astral se deslocou para uma região nutritiva.

Quando você está emancipado, desdobrado, o corpo astral, que está ligado magneticamente no físico, guarda na memória todas as experiências que teve no desdobramento, mais as que teve desde quando você começou a se manifestar na matéria, que é a chamada memória celular.

Na verdade, ele é só uma capa magnética e um conjunto oco, mas guarda toda a memória.

Porém, quando volta para o corpo físico, geralmente, você esquece, porque essa capa magnética ao entrar em contato com o físico faz seu cérebro cortar a consciência astral e você volta para a consciência de encarnado. É quando você perde, esquece os sonhos e o que ocorreu na viagem astral. Isso mostra que a matéria é uma grande redutora da consciência, do seu potencial.

Muitas pessoas se lembram de tudo com clareza. Aliás, algumas saem com consciência e voltam sabendo de tudo. Todo mundo pode fazer isso, desde que se habilite. Você pode estar no corpo e ao mesmo tempo consciente fora do corpo, ou estar no corpo e emancipar só um pouco.

Neste caso está em transe e fica mais na corrente astral. Aí, pode pegar aquela parte do seu Eu superior que não reencarnou, que tem consciência astral. Seu poder é Dele. Nesse momento, você é outro e, às vezes, parece um sonho. Você pensa que é sonho, mas não é. Foi uma experiência real.

Mas, à medida que vai entrando no corpo já assume a personalidade física, um conjunto de valores que é seu instrumento de manifestação aqui. Fora disso você é outro ser.

Vamos supor que durante sua vida resolva ser espiritualista e procure uma escola iniciática, ou se torne autodidata por meio de leituras. O seu entendimento começa a mudar a programação física.

A personalidade começa a deixar de ser apenas um mero resultado do que veio de fora. Começa a receber forças de dentro do seu Eu maior capaz de mudar a matéria a ponto de fazer verdadeiros milagres. A matéria se reorganiza, a memória vai se integrando à sua verdade cósmica. É o chamado processo de espiritualização.

Quando a pessoa chega a esse ponto de evolução, cujo nome específico é iluminação, ela não precisa mais do reencarne. Torna-se imortal. É o meu caso. Eu não reencarno mais porque me tornei imortal.

E o que acontece? Dependendo dos dons que Deus colocou em mim — cada um tem os seus — não preciso reencarnar para aparecer aí no mundo material. As pessoas me veem e pensam que sou sólido. Já domino o meu nível e o nível da matéria. É uma faculdade que desenvolvi e que muitos imortais desenvolvem.

O povo diz: "Ah eu vi um ET, um extraterrestre". Ele estava materializado ou era sólido? Porque tem seres de outras dimensões que vêm aqui e se materializam e tem outros que não. Viajam dentro de alguma coisa sólida, pertencem à mesma esfera que a daqui, mas muitos poucos mundos têm a esfera física como a nossa. A maioria tem outras esferas cuja realidade é paralela.

O que acontece é que, na verdade, você não é um, mas dois. Veja só: você tem uma consciência espiritual, estuda muito, sempre se colocou e tal. Você, aqui dentro, até percebe e entende, mas na hora de pôr em prática é outra conversa, porque o corpo físico está à mercê deste mundo, foi educado pelo mundo e dependeu do mundo para sobreviver. Dependeu da influência da mãe, do pai, da família. Não você, mas essa parte que se ligou na cabeça que fica dominante, porque está no reencarne, porém, não é você inteiro. É você dividido.

Há momentos que você é um gênio brilhante e depois cai na mesmice de todos. Isso não é coerente. É um fenômeno que acontece com todo ser humano. Às vezes consegue largar um pouquinho dessa realidade material, que é a prática do espiritualismo, mas não é o comum. Não é desapegar do dinheiro, que é uma bênção, mas desapegar aí dentro, das ideias a respeito dele, do tipo dinheiro é o mal da humanidade; quem é rico é porque roubou; o pobre tem mais valor.

O apego está na ideia e não na posse. É preciso desapegar da ideia de como é a realidade. Você precisa viver aí na matéria, mas não precisa ser levado por ela. "Espera aí! Isso aqui não é o real. Isso aqui não é tudo. Isso aqui é uma pequena parte de mim. Tem muito mais. Eu sou muito maior que isso". Você se encontra cerceado, não só porque está no corpo físico.

No desdobramento, ou na morte, quando vai para o astral, também o corpo astral tem uma influência magnética diferente e também fica nos limites, já que você vai com as crenças. Você precisa superar esses limites aí dentro. Quem supera na matéria, supera no corpo astral. Está percebendo que isso é um processo de espiritualização?

Contudo, quando você está no EU, aquele Eu dono de tudo, na posse, na cabeça, na sua vontade, que domina essa matéria física que é seu corpo, essa capinha temporária, você não é mais dois. Você fica um, inteiro.

Aí, meu caro, não tem para ninguém. É que seu corpo lhe obedece e seu bicho aprende. Ele entra na sua devido ao seu domínio no mundo. O que acontece se você não consegue essa prática? Vai sofrer influências do astral, porque aqui o astral e o físico se misturam. Daí decorre a existência de uma séria de perturbações.

Mas, se conseguir, também conseguirá sua própria cura. Toda doença e toda cura são astrais. A matéria só recebe o reflexo de uma situação. Aquele sintoma está ali, a doença está ali, faz exame e vê que está ali, mas é do astral. Tudo é astral, tudo é do espírito.

No entanto, vai dizer isso para o povo fanático que aquilo é mentira, que é ilusão? O povo está na ignorância. Ele quer fugir e muitas vezes está influenciado pelas forças negativas que já estão materializadas.

Tudo bem, um dia vai passar a experiência dele com a situação que ele mesmo provocou, e tudo é lição e ganho. Não há nenhum crime nisso. É o caminho dele. Todos nós sabemos, aqui no mundo astral, que a pior coisa aí no planeta é que você está à mercê de constantes influências astrais, pois os dois mundos estão unidos. Não poderia ter físico sem o astral. Cada planta, cada ser, cada animal, cada bactéria é astral na matéria. Por isso que morre e reencarna, morre e reencarna, e guarda uma memória física passável.

Os seres de qualidade mais avançada, os humanos, podem mudar. Por exemplo, se alguém traz consigo ainda umas coisas mal resolvidas, quando for fazer seu corpo no reencarne, projeta uma melhora, mas, às vezes, já havia um problema ainda não resolvido que projeta no corpo que fica defeituoso, por essa razão nasce cego, deficiente, com sequelas de crenças antigas e, não raro, não consegue nem sobreviver, mas entrou no processo porque entrou nas condições, e a natureza funciona em certas condições específicas.

Cada caso é um caso porque o ser humano é muito complexo, mas a questão é a seguinte: na nossa consciência espiritual, se conseguimos vencer essa pressão dos condicionamentos das ideias das coisas da Terra, o corpo começa a responder.

O que eu tenho ensinado é falar com o bicho, treinar essas forças porque é astral e matéria vivendo juntos. Vamos ver isso porque você tem muito poder. Você tem o poder de regeneração eterna, pois na eternidade você fatalmente se regenera.

Você vive aí, mas depois se refaz no astral. Volta em outra encarnação, se arrebenta todo e depois volta e se refaz. Isso é tudo natural, da natureza eterna do ser humano.

Na verdade, a gente tem muitas condições, mas quando entra na matéria, fica nessa limitação de crenças superficiais. A pessoa passa por uma porção de coisas sem saber que está passando e sem saber que é ela quem está criando e que poderia se livrar disso tudo, que precisa se recriar.

Se na evolução do ser ele vai tomando consciência, chega um momento que ele realmente se impõe e a matéria lhe obedece e ele tem a saúde. É aquela criatura que nunca foi ao médico, que nunca fica doente. Ela está naquele domínio que vai até o fim da vida. Chega um dia que está muito bem, deitada na cama, dorme e desencarna.

Há muitos exemplos de pessoas assim e, se há exemplos, significa que a possibilidade é para todo mundo. Dessa forma, você precisa estudar, não é verdade? "Espera! Então, tenho uma chance aí. Não quero perder mais tempo. Vou aproveitar a oportunidade porque não sou bobo".

O que não está funcionando na sua vida? Por que está ficando doente? Por que não está dando certo? Como é que você é responsável por tudo?

Se tudo é escolha, então, como a gente faz? A gente começa a voltar para a gente. EU, EU dentro de mim, e quando eu digo EU, o Senhor em mim, o rei, não tem nada mais aqui além do EU. Pode haver outras pessoas mais desenvolvidas, diferentes, mas tudo bem. Estão lá fora. Não tenho nada a ver com isso.

Aqui, comigo, sou soberano. Nada e ninguém mandam em mim. Nada me atinge. Tudo que vier de fora, o Deus de fora, corta. Você é invulnerável. O arbítrio e a lucidez são os donos desse pedacinho seu e, nesse pedacinho, inclui sua realidade que é a extensão do seu corpo.

Assim, só você pode mudá-la, transformá-la de acordo com suas escolhas, suas crenças e suas atitudes. Você carrega a sua realidade consigo, onde estiver.

Desse modo, quando você vai, está indo justamente para o centro. Imagine como se existisse um tubo e baixe sua cabeça como se estivesse falando dentro desse tubo que passa pela coluna vertebral e vai para o peito e vibra até os pés, e fala para dentro, com convicção, vibrando: EU. Esse é o seu centro.

O centro é um dos aparelhos da sombra, a parte do espírito que trabalha com a matéria. Esse EU central, que é parte do bicho, se comunica com todos os outros centros de força da sombra:

131

a sombra do ambiente, da saúde, sensória e a sombra da proteção ou guardiã.

Portanto, você precisa desenvolver o hábito de falar com essas forças e dar comando a elas. Quando você fala para dentro do tubo, na vibração do córpo: EU NÃO ISSO, qualquer coisa ruim que estiver sentindo, não só pensando, mas sentindo, ele corta, isto é, desmaterializa. Quando você fala da mesma forma: EU ISSO, ele procura materializar.

Assim, você separa o joio do trigo: EU SIM e EU NÃO. Em outras termos, você separa a sua individualidade da individualidade dos outros que estão em volta. Você está delimitando seu território como fazem certos animais. Eu aqui no EU, não é para cima, não é na cabeça, é no peito que vai até os pés.

É por esse canal que você declara, coloca, domina a si mesmo. É por esse canal que sobem as emoções e, sem castrar, disciplina essas emoções, esse bicho, porque as emoções são forças extraordinárias de manutenção da nossa vitalidade energética, como a raiva, a sexualidade, o tesão, o orgasmo que leva à procriação, que leva a ternura para a sociabilidade, é a curiosidade para saber das coisas, é a força de vida que permite você realizar.

Tudo isso são emoções e elas têm que ser orientadas, porque são forças muito fortes que podem ir tanto para o bem como para o mal. Podem destruir como fazer o melhor. Isso vai depender da inteligência que as está dominando.

No umbral, por exemplo, tem indivíduos muito ignorantes em certas coisas, mas inteligentes em outras, que dominam essas forças e não se reencarnam. Eles tapeiam a reencarnação.

Isso tem um preço. Cada vez que alguém age assim, mais ele se deforma, porque a reencarnação é uma grande oportunidade de se reformar. Por esse motivo que as trevas são todas deformadas, infringindo a estrutura deles. Chega a tal ponto, felizmente não são muitos, que perdem as formas e ficam semelhantes a um ovo. São os chamados ovoides. Suas estruturas são alteradas profundamente, do mesmo modo que eles podem, assim como qualquer um pode, se tornar belíssimo.

É o processo de cada um segundo seu arbítrio. É o poder da força dele que sempre esteve e estará com ele e, se um dia quiser, sairá daquela situação.

A vida é eterna, então isso não é problema. Quando ele começa a fraquejar com aquelas propostas, começa a se cansar, começa a ter o anseio de se libertar daquilo, mas não consegue. Ele tenta, mas sozinho não consegue porque ficou mais forte que ele que chegou a solidificar a própria força. Ele foi tão contra si que agora virou seu próprio inimigo. Muitas pessoas na Terra agem assim

133

também. A própria pessoa faz o veneno que a intoxica e a mata.

Para a cura de um ser ovoide, costumamos levá-lo para determinada mulher daqui do astral, cuidadosamente selecionada, que tem um potencial de bicho muito maternal, e o projeta no útero dela. Técnicos daqui comprimem o ser magneticamente e o inseminam nela e, imediatamente, ela começa a desenvolver o sintoma de gravidez como se estivesse encarnada, mas é tudo artificial.

Ela inicia a gestação, através de sua estrutura sadia, refazendo aquele corpo astral que vai voltando devagarzinho, aos poucos, sempre com nossa ajuda e da comunidade, para que comece a recuperar aquela forma que perdeu. Num prazo, que normalmente varia de nove a doze meses, quando estiver completamente regenerado, a hospedeira expele o bebê pela vagina, como se estivesse dando à luz e inclusive o cordão é cortado.

Do mesmo modo que na matéria, o novo bebê nasce e vai crescer como criança, sempre assistido por nós para reeducá-lo e tirar aquelas crenças e atitudes dele. As mães, no astral, estão treinadíssimas para fazer esse processo de regeneração do perispírito. Elas o fazem por amor, pelo prazer de ter esse dom maternal, e se sentem muito gratificadas por regenerarem um corpo tão danificado.

Quanto ao ser, ele se refaz bem mais evoluído. Depois de uma experiência dessas, ele dá um grande salto na sua evolução espiritual. Depois, vai tentar a primeira reencarnação na Terra, para continuar sua viagem numa outra situação. Cada caso é um caso, mas, geralmente, se torna alguém abnegado.

Esse tipo de trabalho é muito especial e particular, tendo em vista o estado denso em que se encontrava esse ser. Ele cresce como filho e é monitorado constantemente por especialistas, pois já houve casos que ocorreram problemas e as perturbações voltaram. Noutros casos teve uma série de consequências porque tenderam, com o tempo, a se esquecer das coisas. Porém, quando aqueles cuja memória começa a voltar, se tornam verdadeiros gênios.

Para essas crianças com seis ou sete anos, o peso da bagagem psíquica que trazem é muito forte, embora esteja no esquecimento, é de sua responsabilidade e certamente vai influir na nova vida, como ocorre na reencarnação, e isso é muito perturbador.

Geralmente, são espíritos que estão seguros daquela forma, tentando preservá-la, falam cada coisa que a gente fica até impressionado. Quando aquilo começa a ficar muito forte, a gente precisa intervir, entrando com recursos para acalmá-los porque não podem voltar àquela dinâmica outra vez. Tudo é cuidado para que eles cheguem a algo melhor, porque trilharam um caminho tão doido que perderam a alma, a ternura, o amor, a compaixão e é preciso que tudo isso, aos poucos, seja recuperado.

Contudo, foi uma viagem que lhes trouxe muita sabedoria da vida. Ao mesmo tempo em que têm uma visão espantosa do lado negro, possibilitou-lhes desenvolver o poder da convicção, próprios de quem tem um bicho forte.

É muito lindo e curioso saber como a vida, na sua infinita generosidade, tem caminhos diferentes para o ser humano. A situação da pessoa, por mais degradante e terrível que seja, é sempre circunstancial, mesmo porque, segundo as Leis da Vida, nada é estático, tudo se transforma, tudo evolui e tudo é perfeito.

Há coisas na vida que se você não evoluiu o bastante para poder apreciá-las e saber lidar com elas de forma inteligente, podem arrebentá-lo todo, porque a vida tem coisas muito perigosas.

Ao mesmo tempo em que podem proporcionar-lhe imenso prazer, alegria e liberdade, podem aprisioná-lo e prejudicá-lo completamente, você concorda? Se não, veja as coisas relacionadas ao sexo, ao dinheiro, à própria comida, à bebida, ao poder.

Nesses filmes norte-americanos nos quais são feitas produções para as trevas, perceba como o lado mau se torna excitantemente bonito e até esteticamente extraordinário e fascinante. Algumas vezes o bandido é mais inteligente que o mocinho, não é? Quero dizer que tem um lado seu que está entendendo o fascínio que exerce. Para quem não está muito em si, se torna confuso e pode lhe fazer mal.

Outras vezes, os desavisados ou algumas crianças começam a ficar muito nesse fascínio, os olhos até mudam de cor e as coisas começam a acontecer, porque a matéria é muito suscetível a transformações.

Muitos tratam isso como uma doença, mas não é. É o caminho da evolução. Então, é preciso ir com calma, no devido tempo. Quando aqueles seres ovoides reconstituem certas partes que lhes faltavam, suas atitudes ficam muito positivas com consequências belíssimas.

É a mesma coisa, por assim dizer, quando você sentiu aquela raiva monstruosa, sabia que era horrorosa, mas não deixa de ser a mesma força que o herói do filme usa para salvar, e aquilo é uma coisa sublime. O sacrifício que ele faz pelos outros toca o coração. Nesse sacrifício tem raiva envolvida, e para as pessoas a raiva é um mal. É a mesma força. Uns usam de um jeito, outros de outro. De uma maneira o efeito é bonito, de outra não. Tem algo a mais e esse algo faz toda diferença na vida.

Portanto, a raiva é a força e, misturada com esse algo a mais, ela se transforma em coragem maravilhosa, em domínio. De um lado ela se torna um monstro, do outro se torna um herói. O potencial está ali. Como um indivíduo consegue dispor de todas aquelas forças naturais?

Tudo depende da evolução de vários aspectos da pessoa. Porque, no somatório, sempre tem uma coisa muito boa, mas como ela está no desenvolvimento dessas características, tem caminhos mais variados. É muito difícil mapear, porque o meu mapa não é igual ao seu. E o seu não é igual ao de milhões de outras pessoas.

Tem muito estudo no astral em que conseguimos ver e perceber essas forças. Para nós é algo fascinante ver como caminha o desenvolvimento de um ser, uma coisinha condensada, que vira um ser intenso e cheio de qualidades e forças, como esses ovoides. Estudamos aquilo que estiver ao nosso alcance, porque aqui no astral também tem pessoas que sabem muito mais que nós, mas a gente sempre vai de acordo com o nosso grau.

Estudamos bastante e eu, como já sou imortal, tenho direito a várias coisas porque conquistei compreensão e entendimento, mas por natureza tenho o pé no chão.

O fato de eu não reencarnar mais, não faz muita diferença, só que aprendi a dominar o meu bicho, satisfazer uma série de coisas e não estou precisando mais da prova física, no entanto, continuo aprendendo. E também, não precisar reencarnar mais não significa que sou um espetáculo, não. Simplesmente quer dizer que já conquistei algumas características e tem outras que ainda preciso conquistar.

Ninguém é totalmente mau, nem na Terra, nem no umbral. Pode ir na ignorância, mas está no seu caminho. Todo mundo vê que está ruim, porque é violento, porque é um bandido sanguinário, um psicopata, mas, por outro lado, quando está com seu bicho de estimação, com seu cachorro, por exemplo, vira uma menininha carinhosa. Seu cão é tudo na vida dele. Tem problemas? Tem, mas tem outro lado que não tem problemas. Qual a diferença de uma ternura com uma pessoa ou com um cachorro? Nenhuma. Ternura é ternura.

Há situações e situações. Nada é como se tudo fosse pautado sobre coisas erradas e coisas certas. O certo e o errado são uma convenção do ser humano. Tudo está no meio do caminho que a pessoa precisa percorrer. Você tem que perceber que seu bicho sempre é o único. As medidas dos outros jamais vão servir para você e o que os outros passam, você nunca vai passar da mesma forma. O que você vai passar será diferente de tudo que os outros passam.

Não tem jeito. O que interessa é você não ficar nessa igualdade falsa e começar a tomar conta do seu bicho. Ou você domina suas forças anímicas ou vai sofrer até ceder.

A maioria não concorda, mas tem aquele que se toca porque já tem uma semente aí. Tem um faro para entender que vai tentar começar a levar em consideração algumas das coisas que estou colocando aqui. Vai fazer suas próprias experiências, já vai começar a enxergar o que eu já enxerguei.

Muitos já estão conseguindo enxergar, mas, do ponto de vista do EU, no eixo central, no sistema central, na atuação das sombras, no bicho, é preciso mais que enxergar: tem que sentir para comandar. Só então esses poderes começam a se manifestar.

Primeiro é preciso não mais se estabelecer de acordo com tudo que vem, não mais estar sob as condições do que absorveu do mundo, mas impor suas vontades, independentemente de tudo que você está vendo na própria consciência espiritual. Ora, isso é difícil tendo em vista que tudo o que está pensando segue de acordo com o que aprendeu a pensar. Está marcado na casquinha física e vai incomodar porque o seu todo não vai concordar com isso, vai criar conflitos e você vai ter doenças, desarranjos.

Agora, é necessário começar a compreender a coisa sob o ponto de vista que estou mostrando, que parece muito novo para você:

"Espera aí! Meu corpo está assim, as coisas estão assim, está ruim aqui. Preciso mudar, senão vai piorar tudo. Minha vida está assim porque tudo aquilo que peguei do mundo está contra meu espírito, resultando nesses conflitos. Preciso ficar do meu lado adulto e, ficar do meu lado adulto significa ficar do lado do meu espírito, senão vou acabar morando embaixo do viaduto. Em espírito eu sei e já me provei que dou jeito em tudo, afinal de contas, assim a vida sempre me responde bem. Daqui pra frente eu quero agir na espiritualidade. Não me interessa o passado, não me interessa o amanhã, não me interessa a situação atual, não me interessa ninguém. Pra mim não, por que eu tenho todas as condições, porque a vida vai reagir bem, porque eu sou a vida e vou pra frente porque a vida só apoia quem se apoia. Ah, esse negócio aqui não tem problema nenhum. Vou dar um jeito nisso".

Você toma essa postura, a postura espiritual. É você na sua coisa cósmica, senhor de si, grandão, fortão. E os outros? Sei lá da vida dos outros. Não quero nem saber o que acham de mim. É problema deles. Sou assim e acabou.

Na sua realidade começa a acontecer tudo que está colocando aí. Você não responde pelo outro, porque o outro é o outro e você não tem nada a ver. Nas relações sociais, sim, porque as pessoas que lidam com as necessidades precisam se relacionar, mas daí a viver à mercê do ambiente é bem diferente.

Você come, respira, precisa pagar contas, transa, namora, precisa ter dinheiro para se movimentar no mundo, ou seja, continua no social, só que não continua na mesma posição. Você não é mais um dependente. Se torna um senhor de si que faz trocas e só trocas que são boas para si e não precisa mais carregar ninguém.

Tudo é contrato, arranjo, tudo é toma lá, dá cá. A satisfação das necessidades de todos é um constante toma lá, dá cá. O bom negócio é aquele em que todos ganham. Se uma parte perde, já não interessa para a vida porque ela tem para todo mundo. Na troca, você não deixa de ser senhor de si.

"Ah, mas o outro, não sei o quê". Não entre nisso. Pare com essa piedade egoísta. Eu não sou dono. Não posso fazer isso por você. Agora, vou lhe dar uma orientação. Se você quiser seguir assim, muito bem. Se não quiser, passe bem. Porque a gente não pode mudar o outro. Só você pode jogar fora uma crença e pegar outra. Você é que tem que fazer por si. Meu negócio é meu negócio e o seu é seu. Porém, se for para fazer uma troca justa, ótimo.

O seu destino vai de acordo com o que você trabalha com isso. Sem isso você nunca vai conseguir seus anseios, o que sua alma quer. Quando você começa uma posse no EU, o primeiro entrave que emerge é a influência daquilo que está condicionado à sua matéria na memória celular, ou o que vai ouvindo do povo, porque sempre você foi dependente disso para reencarnar.

Mas tem que tomar posse de si, voltar para si, valorizar sua individualidade, em detrimento à valorização do outro. É o momento em que você se torna independente do coletivo, sem precisar sacrificar as relações sociais, as trocas, que é algo positivo, porém, numa nova postura consigo e com os outros.

A maioria da humanidade ainda está nessa dos papéis no mundo, de reprimir suas vontades, sua individualidade. Felizmente já há uma nova visão no ar, principalmente por parte dos jovens e crianças que é o que vai prevalecer no futuro e contribuir muito para um mundo melhor, enquanto os de 'cabeça feita', submissos aos olhos da sociedade, das religiões cheias de regras radicais impostas, ficarão no sofrimento até mudarem. Não é o sofrimento que muda. É o cansaço do sofrimento que faz mudar. Cansaço do quê? De ficar contra si, contra sua natureza, contra seu bicho. Com o bicho zangado, não tem negociação. Ou a pessoa muda, ou fica doente e morre.

Por outro lado, se a pessoa abrir os olhos para uma transformação positiva, a seu favor, ela vai e muda. Quem procura, acha e nessas horas, nos primeiros passos a seu favor, ela tem muita ajuda espiritual e a vida apoia em todos os sentidos, mesmo porque, indo a favor de si, estará indo a favor da vida. Não é que o povo vai correndo fazer para ela que ocorre a ajuda, mas é porque, quando ela faz certo, consegue o certo. Aí, ela vai dizer: "Foi Deus". Não foi. Foi ela. Deus nunca parou de dar, mas como Ele dá o livre-arbítrio, espera a pessoa andar. Está num dos mais sábios dos ditos populares: "Deus ajuda quem cedo madruga".

Deus não mima. Ele quer que você desenvolva o seu potencial. A partir do momento que você se enche de boa vontade, tem toda ajuda. Você já pega aquilo, se anima, vem a próxima experiência e aos poucos percebe que a vida está correspondendo. Não tem mais volta. É daí para frente e os resultados vão aparecendo e realimentado sua vontade, sua fé. É Deus incentivando você constantemente.

É como o funcionário interessado que sempre está mais disposto que aquele encrenqueiro, não é? A empresa vai investir cada vez mais nele e promovê-lo. O outro fica naquela de que é um desprivilegiado, que o outro é um puxa-saco, que ele tem seus direitos e, não tarda, vai ser dispensado.

É a lei do mérito. Um aproveitou as oportunidades e foi gratificado, porque a gratidão de qualquer um quando vê uma pessoa assim responde com gratidão. O outro, em vez de fazer o mesmo, valorizou a dependência e caiu.

Desse modo, você vai se libertando da prisão magnética do corpo que é o que está acontecendo agora com o planeta. E, quanto mais dominamos as condições de liberdade, mais a Terra vai se aperfeiçoando e ficando cada vez melhor.

O cérebro, por sua vez, muda muito para receber mais conhecimento do espírito, o conhecimento cósmico, o conhecimento além dessa vida terrena, dando a ele performances incríveis que ninguém ousa acreditar. Isso se chama expansão da consciência. O processo é o mesmo, estando na matéria ou no astral. É claro que no astral há certas peculiaridades que, às vezes, até dificultam o processo.

Quanto mais crescemos no conhecimento, mais o bicho se aperfeiçoa e atua. Vamos nos tornando mais inteligentes até chegar um ponto em que a mente, o eu consciente, tudo se funde com ele. É um só atuando na matéria, seja física ou astral. É o domínio, é a independência, porque o animal nos dá a independência de ser.

Você poderá ficar ligado em várias coisas ao mesmo tempo enquanto seu bicho faz, com perfeição, aquilo que você quer. É como o pianista que treinou aquela partitura à exaustão e as mãos tocam a música sem ele pensar. Fica no automático.

Ele põe sua emoção, sua criatividade e arrasa, sem a preocupação de errar. Outro exemplo mais cotidiano é dirigir um carro para quem faz isso há muito tempo. O condutor sai de casa, vai para o trabalho e em nenhum momento se lembrou de que estava dirigindo. É assim com todo mundo, seja atleta, empresário, escritor, professor, médico, cozinheiro. Quem está fazendo por ele? Seu bicho.

Com essa sabedoria, você preserva uma série de coisas enquanto pode se desdobrar para outras, se enriquecendo ainda mais. O bicho é uma âncora que lhe permite viver, crescer, experimentar, evoluir, sempre lhe dando total apoio.

Com isso, o próprio sistema evolui porque nós temos as inteligências anímicas, que são diferentes da inteligência do cérebro e essas inteligências se intercomunicam. É assim que funciona a evolução individual, sistêmica, planetária e universal.

Portanto, compreenda que você não é um, mas dois. É o que está podendo ser na matéria, mas que, se fizer um pouco de esforço, o outro é muito maior e melhor. Para perceber isso, basta sair um pouquinho dessa ilusão, emancipar um pouquinho, se concentrar na meditação que esse outro EU começa a ter espaço na cabeça. Comece a se exercitar. No começo pode parecer não haver resultados, mas com a prática fatalmente vão aparecer.

É como o magrinho que começa a fazer academia. Nas primeiras semanas não vê nenhum progresso, mas sabe que dali a três meses seu físico será outro e, então, se anima cada vez mais. Se alguém conhecido o encontrar nem vai acreditar que se trata da mesma pessoa.

Tome uma atitude imediatamente. Comece a se exercitar. Primeiro, faça o exercício do tubo, com as expressões EU ISSO, EU NÃO ISSO.

Por exemplo: se é prosperidade financeira que você quer, pense numa situação de riqueza, como um saldo bancário elevado, um lugar luxuoso, uma casa bonita, um restaurante fino, um bairro chique, um carro último tipo, uma viagem e diga para dentro do tubo que desce pela coluna vertebral, vai para o peito e depois até os pés: EU ISSO.

Não precisa dizer uma frase longa, porque o bicho não entende de forma racional. Ele não quer saber de explicação, de justificativa. Ele pega, capta o que você está sentindo da ideia que teve. Ele entende pela sensação do corpo. Para ele, não faz diferença, não importa o que você está vendo ou imaginando. Por essa razão, é muito importante afirmar com convicção e na vibração do corpo. Porque, na vibração, o bicho entende.

Se a sua conta bancária está baixa, quando você quiser fazer alguma compra, automaticamente sua cabeça já se liga no saldo e vem aquela vozinha interior: não tenho dinheiro.

Então, faça o seguinte: pense no saldo e diga: EU NÃO ISSO. Você não está mentindo para si.

147

Ao contrário, o saldo que está lá é que é uma mentira, uma ilusão, pois já é o resultado de uma crença negativa com relação à abundância financeira, abundância essa da qual todo mundo é herdeiro só pelo fato de ter nascido, pois somos todos filhos de Deus, o Homem mais rico do universo. É como o filho de um banqueiro que, pela legislação brasileira, já nasceu herdeiro do banco. A diferença é que, no caso, você precisa se habilitar, que é a proposta deste livro.

Seu saldo bancário atual já é o resultado, já é a consequência de sua crença negativa. O que estou propondo com este exercício é você mudar a crença para que o resultado futuro mude. Não fique brigando com seu saldo atual nem com sua realidade. Quanto mais você briga, mais dá importância e mais as atuais condições se estabelecem, porque estará realimentando a crença negativa.

Não há como mudar o efeito do que já está feito. É preciso mudar a causa e a causa está dentro de você. Não está nos outros, nos pais, na sua formação acadêmica, na situação econômica do país. Nada disso pode afetá-lo, porque nada disso é você. Você simplesmente é o detentor de um potencial infinito, do tamanho de Deus.

A mudança é interior. A mudança é convencer seu bicho, a parte do espírito responsável pela materialização, e o espírito, por sua vez, é a ligação com o divino. Portanto, 'seja' para ter e não 'tenha' para ser, mesmo porque você já 'é'. Apenas está escondido pelas ilusões que aprendeu do mundo. Mais uma vez, vou repetir: o exterior é o reflexo do interior.

Faça o mesmo nas outras áreas da sua vida, como nos relacionamentos sociais, profissionais, familiares, afetivos, sexuais etc. Na área da saúde, imagine-se uma pessoa com a saúde perfeita, com um físico perfeito e afirme: EU ISSO. Se você tiver algum problema de saúde, imagine o problema e afirme: EU NÃO ISSO.

Volta e meia afirme também frases curtas para convencer seu bicho de quem você é realmente, tipo, "Eu confio em mim; eu sou poder; eu sou divino". O EU superior, o Eu maior é a parte do nosso espírito ligada diretamente ao divino, portanto, todo mundo carrega consigo a sabedoria divina. Afinal, não está escrito que somos feitos à imagem e semelhança de Deus?

7

A SOMBRA SENSÓRIA

É preciso que você conheça o bicho internamente. Bicho é apenas o nome de uma força extraordinária com muitas funções, muitas qualidades, muitos poderes e habilidades que temos. De algumas sabemos; de outras, ainda não.

Toda a habilidade pode aparecer por causa de uma situação que você esteja passando, muitas vezes, sem consciência. É o Eu maior, o espírito da vida que provoca a situação, mas outras vezes, não. É você mesmo, devido à necessidade, à constância dela que aparece sem você saber que tem e que emerge, inclusive de outras vidas, e se refere a algo não resolvido. Foram bloqueadas, porque o bicho precisava de um novo corpo para trabalhá-la.

Se o novo corpo receber impressões contrárias, ele as recalca porque a matéria é um elemento diferenciado da constituição do corpo do bicho. O bicho é uma produção dele com as substâncias materiais, e uma dessas substâncias tem sua propriedade da matéria densa que é a fixação, uma tendência à estagnação, a tornar rígido. Assim, conforme você vai passando pela existência, a memória celular vai fixando as experiências, vai calcificando uma por uma.

Até os sete ou oito anos de idade, a pessoa sai do corpo em projeção astral e volta sabendo da experiência extrafísica, mas a partir dessa idade, devido à calcificação, a maioria das pessoas não se lembra, nem dos sonhos. Em situações esporádicas, pode voltar a se lembrar por alguns estímulos ou de alguma coisa que vivenciou.

A matéria tem uma força sobre nós, o mundo material tem, as energias do mundo também têm. Essa força material consegue gerenciar até certo ponto, mas vai depender da consciência de cada um.

Por exemplo, se você se agarra no mundo, aceita o mundo, vive naquilo, então está sob a lei das condições externas, a lei da materialidade. Se você não tem uma postura interior mais voltada para o espiritual, mais voltada às coisas profundas de si mesmo, já tem menos condições.

Quem tem mais condições, é mais de si e menos da força de fora, tipo, eu sou mais EU, raramente envelhece, raramente fica doente. A pessoa não está nesse negócio do mundo. Está no mundo, mas não na 'cabeça' do mundo. Essa tem uma vantagem muito grande. Por outro lado, a que não tem, fica à mercê do mundo, está submissa às forças do mundo material.

Tudo depende do poder dela, da maleabilidade dela frente às mudanças. Tudo também pode ser desfeito em vida, a qualquer momento, porque nada é para sempre, se houver condições que a ajude a desfazer, quebrar.

Nossas qualidades vão depender do sistema, dividido em vários tipos de sombras, como a gente diz, ou setores de sistemas anímicos, e um dos mais importantes para os humanos é o da sensibilidade, a sombra sensória.

A sensibilidade, como todos os outros sistemas, é condicionável. Lembre-se de que o bicho condiciona, seja a defesa, a saúde, a sexualidade, a prosperidade, todos os sistemas vão de acordo com as condições, assim como você, que é a casa, a chave, o chefe; o gerente interpreta, acredita, dá importância na sua consciência.

Você se dá conta de que o bicho é condicionável quando está dirigindo, por exemplo. Ele aprende, você vai dirigir o carro e, às vezes, se distrai, mas ele dirige direito. Então, você fala que está automatizado. O que quer dizer isso? Que o bicho faz por você.

O bicho não se distrai e nunca dorme. É a consciência que dorme, enquanto ele continua cuidando do corpo, fazendo o coração bater, por exemplo, digerindo a comida, rejeitando o que não serve, processando quimicamente tudo que o corpo precisa, ou seja, é uma máquina extraordinária que trabalha por você sem cessar.

Diante disso, perceba que a sensibilidade é uma das maiores qualidades que temos, porque qualquer sensação é o bicho conversando com você, dizendo o que está bem e o que não está. Cabe a cada um entender o recado e pôr em prática ou não. Toda sensação, seja uma simples coceirinha, uma emoção, um sentimento, acontece nesse corpo chamado sensibilidade.

Sensação é a vibração desse corpo, em que você joga um estímulo e ele vibra. A sensação vai para a consciência. É a sombra sensória que faz isso. Sombra sensória, sistema sensório, corpo sensório, campo de sensibilidade, bicho, instinto, tudo é a mesma coisa.

A sombra sensória, na verdade, está entre a inconsciência e a consciência. Sem ela, não haveria consciência. Quanto mais atrasado é o sistema sensório de um ser vivo, menor é a consciência, como a dos animais e das plantas. Eles o têm, mas é muito primitivo. Nosso campo sensório é muito mais sofisticado. Depois, entra o cérebro com toda sua sofisticação, com funções extraordinárias, comandando os mais variados tipos de sensações.

Tudo que se refere a nervos faz parte do corpo sensório, ou sombra sensória. Ela é uma inteligência em si que está relacionada com todas os outros sistemas da sombra, da mesma forma que o sistema nervoso não está separado do sistema cardíaco, do sistema respiratório, urinário etc. Assim é tudo em nós.

Ele tem qualidades únicas, como, por exemplo, se expandir ou se retrair. Quando se retrai, se torna insensível, quando se expande, se torna mais sensível. Quanto mais retraído, menos percebe. Ele pode se retrair totalmente ou por partes. Se se retrair na parte do sexo, você perde a sensibilidade sexual. Se se retrair nos olhos, você perde a visão; na orelha perde a audição; no peito, você perde a alma. A alma continua, está lá, mas não pode vibrar. Na sequência vem o bloqueio psicoenergético.

Isso acontece muito. A menina criada de uma maneira muito religiosa, com toda postura antissexo, depois de casada, não tinha orgasmo e a insensibilidade era um grande desconforto.

Essa é a capacidade que o ser humano tem de anestesiar o corpo. E é literalmente como funciona a anestesia. Quando se recebe uma, é o corpo sensório que se desloca do físico. Como a pessoa permanece inconsciente, não sente nada. Da mesma forma ocorre com a anestesia local. O efeito dos analgésicos se processa da mesma forma: cortam a relação da parte física com a parte sensória. Ao contrário, certos remédios e determinadas drogas excitam mais; são prejudiciais porque a excitação é forçada e não natural.

Tudo depende de como atingir a representação do sistema sensório, que é exatamente o sistema nervoso. É um campo, e os nervos só estão levando e trazendo as repercussões nele. É um campo inteligente que, se expandir a mais de um certo ponto, penetra no astral, ocorrendo o que chamamos de mediunidade. Se a pessoa for mais sensível, não só poderá entrar no astral como sentir bioenergeticamente os outros. Trata-se de uma qualidade do bicho sensório que sabe tudo a respeito do mundo astral e dos ambientes do mundo físico.

Atualmente, isso é muito desenvolvido, principalmente no Brasil. As condições geográficas favorecem o processo. Certas regiões estão relacionadas com as faixas magnéticas da Terra, porque aqui essas faixas estão mais baixas do que em outras partes do mundo. O astral está muito próximo. Só em outras duas partes do planeta o astral está mais próximo que aqui: no polo norte e no polo sul e, no Brasil, especificamente as regiões de São Paulo, Minas Gerais e Rio de Janeiro.

Por esse motivo, este país é o paraíso dos médiuns. Quando o estrangeiro vem para cá, ele se perde na sensibilidade. Quando vai embora, volta ao normal.

A sensibilidade, além de ter a capacidade de captar, tem uma característica única: trabalhar com o sistema nervoso, com os neurônios e sinapses. Trata-se de um padrão, além disso, atinge um raio de atuação e influência porque sai do nosso campo psicoenergético como antenas. Essas antenas têm inteligência e, dependendo do seu comportamento, ficam sintonizadas, da mesma forma que os aparelhos celulares ficam conectados uns aos outros.

Como é isso? Quando você diz para o seu bicho: ela é minha filha, ele entende como conexão. Você recebe influências do que está acontecendo com a filha. Da mesma maneira ocorre com o marido, com aquela amiga que você quer ajudar e salvar, com aquilo que a pessoa disse com a outra e que você acha que tem que dar consideração e assumir responsabilidade. Você está ligado na rede.

Nós ligamos as antenas quando dizemos ou acreditamos que temos a ver com uma pessoa como se ela fosse parte nossa. Se você, no mesmo caso, disser: "Não, não tenho nada a ver com essa pessoa", a antena se retrai. Ela vai obedecer de acordo com o que você põe aí dentro.

Há pessoas que são totalmente destruídas pelas influências dos outros, destruídas não só pela doença física, mas emocionalmente e socialmente.

No Brasil, esse aspecto é muito mais contundente, pois, além da sensibilidade maior, como disse, temos conceitos de que consideração, caridade, sacrifício pelos outros é digno, humano e sublime; você já cresce querendo assumir os outros e fazer todo aquele papel de bonzinho. Quer dizer, você tem tudo a ver, pegou a responsabilidade, acredita que deve fazer, isto é, sem escolha própria. Já veio com o condicionamento. Agindo dessa forma, automaticamente, se liga.

Vamos supor que você tenha o condicionamento típico do brasileiro que acha que deve ser humano, se compadecer com as pessoas que estão sofrendo e, compadecer no Brasil é assumir, mostrar que é sensível, sofrer junto. Isso faz com que você crie uma antena e receba constantemente as influências negativas delas.

Agora, se você faz alguma caridade porque gosta, mas lá dentro cultiva a crença de que não tem nada a ver com a pessoa, que o processo é dela, não tem problema. A coisa não foi imposta. Foi uma escolha sua, não feita com base na piedade, na pena, mas na vontade de fazer.

Outro exemplo marcante: sua mãe está doente e você vai cuidar dela e, de repente, quer também assumir a felicidade dela, porque ela está muito triste, e quer porque quer fazê-la feliz. Então, você assume também as coisas dela. Está ligado a ela. Como está num sofrimento muito grande, está numa prova, numa situação difícil, você vai receber as coisas dela aí dentro. Vai cuidando e recebendo, cuidando e recebendo. Claro que nem precisa dizer que você deseja que ela seja feliz. Mas querer assumir a felicidade dela é uma diferença gigantesca.

Se persistir nessa postura, o que vai acontecer? A mãe piora e você cai junto, porque bate nela e volta para você; bate nela e volta e fica aí como dois vampiros se sugando e se intoxicando. Não vai longe e você está um caco, todo arrebentado, contribuindo para a miséria dela, enquanto não vê a hora que tudo aquilo acabe. O que era para ser um cuidado sadio, inteligente e até com alegria, se torna um tormento que arrebenta os dois.

No entanto, se você pensar: "Tudo bem. É a coisa dela. Não é bonito, mas vou ver o que posso fazer para ajudá-la, porque tudo isso é fruto das escolhas dela, da situação em que ela se colocou e, felizmente, não tenho nada com isso". Fica tudo bem. A antena não é criada e você realmente está ajudando, como o médico que lida com doenças horríveis sem se envolver emocionalmente com o paciente.

Quando você age dessa maneira, tudo vai bem em todas as áreas da sua vida, porque não está envolvido emocionalmente. Você separa bem as coisas. Tem sucesso profissional garantido, nos relacionamentos, na saúde, inclusive na proteção energética. Nada tem peso, faça o que fizer.

Ao contrário, passa a fazer com alegria, disposição e entusiasmo porque nunca vai estar esgotado. Enfim, você se ajuda e ajuda todos os que estão ao seu redor, porque sua energia é nutritiva.

A coisa toda começou porque a mãe está ligada com os outros filhos e filhas, com as irmãs, com as tias, com o marido. Sempre assumiu tudo e todos e acabou por criar um monte de antenas que a deixaram naquela situação precária. Tudo isso nada mais é que o bicho dela seguindo aquilo que aprendeu. O mesmo ocorre com os demais da família.

Vou dar outro exemplo também muito comum no Brasil. Sabe aquela mãe supercuidadosa, supermãe, extremamente neurótica, quer dizer, fora de si, mal-educada, que quer proteger muito o filho dos males da vida, cheia de "achaques"?

Nessa atitude arrogante, porque ignora a realidade do espírito dele, a mãe acha que tem que ser do jeito que ela acha certo, porque ela vê o mundo daquele jeito e começa a botar medo no filho. Começa a superprotegê-lo e não o deixa desenvolver suas qualidades.

Quando ele começa a adolescer e a tomar a condição de adulto, ela grudou nele e ele nela de tal forma que não consegue ir por si. Então, se pega nas drogas, na vagabundagem e se perde. Quando a mãe vier falar alguma coisa ele se revolta, a mãe não sabe o porquê, pois o criou com todos os cuidados, mas tem uma coisa nele que não quer saber da mãe, não quer saber do pai e vai entrar na conversa dos colegas que estão nas drogas.

Imagine que essa mãe se canse ou seja aconselhada por outras pessoas que ela tem que largar, que não é assim que se faz, para confiar um pouco mais nele, no espírito dele, e consigam ajudá-la a compreender que aquilo está sendo ruim e ela reaja: "Ah, é mesmo. Ele já está grande, eu vou largar, eu vou devolver pra Deus. Eu agi certo. Deus mandou pra mim eu fiz o que eu sabia. Eu não quero mais. Você é dono de você. Eu quero que você se vire já que tem responsabilidade. Não tenho mais nada com isso". Tanto a mãe quanto o filho começam a ganhar.

Ela tomou uma postura, uma lucidez, perdeu a arrogância e ficou humilde. Os laços começam a se soltar. E o que vai acontecer com ele? Primeiro, começa a se sentir dono de si, toma juízo e vai embora. Não adianta internar, não adianta falar, porque os laços vão junto. É dentro dela que precisa cortar: "Não, aqui não. Ele não é meu, é de Deus".

Dessa forma, melhora ela, o filho, melhora todo mundo. Caso o filho esteja internado numa clínica de recuperação e a mãe queira ampará-lo, para a ajuda ser positiva e eficiente, ela terá que proceder sem esses laços.

Se fosse um espírito mais vivido que estivesse reencarnado ali, essa mãe despreparada iria comer o pão que o diabo amassou, porque ele ia se impor. Ele ia embora, e olhe, tem gente que nunca mais voltou para perguntar como ela estava, de medo que grudasse.

Não é ingratidão, é medo de que grude. É uma coisa que vem do instinto. Assim que completou a maioridade, sumiu, nunca mais quis saber da família e se deu bem.

Tanto os pais têm que fazer esforço para se desgrudarem, como os filhos. Uma relação dessas arruína a vida emocional, sexual e profissional dos filhos. Esses laços podem ser doentios. Mãe e filho, pai e filho.

A psicologia fala disso, dessas ligações que atrapalham o desempenho dos filhos. Assim que cortou o cordão, é preciso cortar essas ligações de proteção. Claro que tem a dependência do bebê mas, à medida que vai crescendo, o ser humano vai funcionando independente.

É como a semente da árvore que cai distante. Vai crescer independente e, não tarda, estará do tamanho da mãe. Já, aquelas que caem perto do tronco, não vão ter sol, vão crescer mirradinhas, dependentes porque são sugadas pela mãe.

A culpa não foi do pai nem da mãe. Eles também foram criados da mesma forma. Não sabiam fazer diferente, a menos que alguém os ensinasse. Às vezes, o pai agia daquele jeitão, era forte, muito castrador para, também, se livrar de tudo aquilo. Não é que não amava os filhos, mas foi a situação que se formou que era energeticamente repulsiva.

Por sua vez, a mãe era forte, sempre achando que estava fazendo de tudo porque era mãe, e, na cabeça dela, toda boa mãe que se preze tem que agir daquela forma. Então, para se preservar, tinha aquele negócio que, na imaturidade dela, ia à loucura.

As outras, mais espertas, já não sofreram assim. O filho bom que foi para frente, foi a mãe que o soltou. Não o prendeu, ficou quieta na dela e respeitou as decisões do filho. Telefonava quando queria conversar, mas não invadia. Essa ajudou o filho a ficar maduro, independente, a tomar juízo, a usar suas forças, se encontrar e ir atrás do que quis na vida.

Obviamente, também depende do filho. Quando a pessoa é fraca, mesmo que os pais a soltem, ela arranja alguém para se grudar e viver na influência do outro. Isso é válido tanto para a mulher como para o homem. São os dominados e as dominadas, sempre com homens ou mulheres dominadoras, as possessivas que são vampiras e vão atrair os vampirizáveis.

Se fossem educados para serem mais independentes, desde criança, não seriam vampirizadas. É a fraqueza que não foi vencida porque os pais só contribuíram e depois jogaram nas mãos de outro e esse outro também resolveu abusar porque não teve outro tipo de relação com uma pessoa que tivesse noção de si.

Todavia, no final das contas, tudo soma, porque depois que alguém levou duas vidas assim, toma vergonha na cara e se transforma numa outra pessoa.

Tudo a vida aproveita, mas é sobre o sofrimento que estamos discutindo. A questão da sombra sensória e os seus problemas. Se você não tiver esse conhecimento e esse controle, vai voltar neste mundo, não só pelas relações familiares, sobre as quais deixou-se aprisionar, mas, também, pelos outros aspectos como profissionais e sociais. Que espécie de profissional vai ser esse que sempre viveu submisso aos outros? Isso é sensibilidade sem educação.

Quero, aqui, corrigir o conceito espírita kardecista ou umbandista de que a pessoa tem uma série de problemas porque tem mediunidade. Não é pelo fato de alguém ser hipersensível que sofre de certos problemas e incômodos, mas devido à personalidade mal-educada, ou seja, decorre daquilo que a pessoa aprendeu, daquilo que acredita, de como ela se põe. Também vai depender se ela faz alguma coisa com o seu próprio esforço ou permite que joguem tudo em cima dela. Cada um faz suas escolhas e, dependendo da escolha, melhora ou piora sua situação.

A vida sempre ensina, porque Deus não desampara ninguém, mas você tem que se 'desmisturar': "eu, eu; o outro, o outro". Enquanto estiver misturado, vai ser levado pelos outros.

Aliás, a vida só aprova e estimula quem se separa. Isso vai dar-lhe uma força incrível de ser, de se sentir você. Claro que os relacionamentos continuam, porém, a sua coisa é sua coisa. É uma postura interior. Já, quem está misturado é jogado para cá e para lá e a vida não está nem aí para ele. Ela permite tudo, uma vez que a pessoa não se posiciona a seu favor.

Agindo assim, seu bicho entende, se comunica com os bichos dos outros, eles aprendem a respeitá-lo e tudo vai dar certo. Por que há tanta encrenca, tanto rolo quando as pessoas resolvem se casar? Porque casam misturados. E o que era para ser uma coisa legal, gostosa, muitas vezes vira um inferno. Depois, chegam os filhos e a coisa piora ainda mais. Casam na ilusão de que têm que viver do amor do outro, da consideração do outro, do apoio do outro.

São os grudentos, os vampiros e nenhum respeita sua individualidade. São imaturos, sofrem afetivamente, porque na relação não há companheirismo, mas cobranças. É óbvio. Estão misturados, um invadindo o espaço do outro. Só pode dar encrenca. Não há aquela troca saudável. Ao contrário, vivem na dependência um do outro.

O dependente não pergunta. Não diz que quer trocar. Ele já assume o outro e faz tudo para ele ser feliz. Em seguida, se despersonaliza, perde sua energia, se desvaloriza e o companheiro, ou companheira, também já começa a usá-lo porque ele se ofereceu. Não é que o companheiro abusa. Apenas está aproveitando o que lhe foi oferecido.

Vamos fazer uma troca? Você me dá isso e eu lhe dou aquilo? Pega se quiser. E se pegar, cada um está na sua consciência de que está tendo seu ganho. É uma troca legítima, concorda? É uma associação. As associações devem existir, porque são a razão da humanidade, da sociedade, da família e isso é muito bonito, mas tudo dentro da sagrada individualidade.

É preciso compreender que a função da sombra sensória é de primordial importância. Grande parte desses esgotamentos que você sente, esse cansaço que o envelhece e que mexe profundamente com seu metabolismo, com seu sistema nervoso, provocando uma série de doenças, são decorrentes da falta de entendimento e trato de como ela funciona.

Por outro lado, quando você vai tratar da doença, desses problemas todos, os médicos o entopem de remédios e drogas que, na verdade, são um bombardeio energético que provoca uma reação química que libera energias e, por sua vez, tentam combater as ondas de energias negativas.

Obviamente, eles têm um poder, mas também têm seu preço. Ante à agressividade, seu bicho vai reagir com agressividade. E, relembrando, bicho é corpo. É certo que haverá consequências, os chamados efeitos colaterais.

Muitas vezes a situação é tal que o remédio se faz necessário. No entanto, se a pessoa tivesse o conhecimento sobre o funcionamento da sombra sensória, toda essa batalha seria evitada e seu corpo, seu organismo, seria sempre saudável.

Vou além: a pessoa acha que se curou. Todo remédio é um paliativo. Nenhum remédio cura, porque ele trabalha com o efeito e não com a causa. A pessoa apenas está adiando um problema que mais cedo ou mais tarde vai ter de enfrentar e resolver.

Que problema é esse? A causa. A pessoa inventou a causa, só ela pode 'desinventar'. Se não fizer nesta vida vai ter que fazer no astral. Se não resolver no astral, se encarna com o problema. Jesus dizia isso sempre que fazia um milagre de cura: "Vai e não peques mais". E o que é o pecado? Aquilo que você faz contra si, contra seu corpo, contra sua natureza.

Mesmo as vacinas que são muito úteis, eficientes e recomendáveis, não curam a causa. Elas têm uma eficiência quase total sobre o efeito. Quando aparece um vírus agressivo, contagioso, é óbvio que se faz necessário tomar a vacina ou um antivírus que vai fortalecer o sistema imunológico e evitar a proliferação na sociedade. Isso é muito bom, mas a causa está lá. Como e por que é que aquilo invadiu o seu corpo?

O povo se preocupa muito com a maldade humana. Vive na ilusão e nunca aceitou a realidade e, quando essa realidade se mostra agressiva, faz um dramalhão danado. Vê muita maldade no mundo.

Por isso, fica negativo, achando que é esperto, se inteirando dos acontecimentos, influenciado pela mídia que explora sua fraqueza para ter audiência e mal sabe que está importando toda aquela maldade. Está acreditando naquilo.

Fica vulnerável, se contamina inteiro, fica podre e o vírus o ataca, ou melhor, ele atrai o vírus, pois não tem consciência de que tudo é a pessoa que atrai. O que é isso? Simplesmente que o bicho sensório atendeu seu pedido.

Mude as atitudes para mudar a situação. Vai aqui um esclarecimento: as doenças autoimunes, como as provocadas pelos vírus, têm uma especificidade: são ataques de forças negativas do astral inferior.

Para esses casos, como o bicho não diferencia o real da imaginação, tome a seguinte atitude, afirmando: "Eu estou no sol e ele me aquece com seus raios". Imediatamente o seu sistema começa a fabricar vitamina D.

Se você fizer com foco, vai até perceber o calor aumentando. É o poder da sensibilidade que foi provocada pelo estímulo mental. É assim que usamos nossas técnicas para provocar a cura. Você pode simular um remédio, uma condição na sombra sensória e estimulá-la a criar o antídoto para qualquer situação que queira melhorar e até curar.

Quando você começa a visualizar interiormente, de corpo inteiro, provocando estados específicos contra coisas específicas, você anula. É assim que se faz autocura. Uma das formas mais eficientes para a cura é fazer autoatenção positiva. Eu me concentro em mim, me aceito, me reverencio, me valorizo, me aplaudo, me considero, me contento comigo.

Ao me dar uma consideração enorme, positiva, imediatamente a sensória pega isso e joga no sistema nervoso e percorre até o cérebro que comanda o metabolismo. A partir desses códigos que eu admito pela sombra sensória, ela começa a criar uma mudança metabólica que vai combater uma série de negatividades a meu respeito.

Agindo dessa maneira, não só você muda como pessoa como muda seu corpo emocional, seu sentimental, seu sistema imunológico, enfim, todo seu corpo mental começa a funcionar muito melhor afetando o físico, mudando a aparência, o semblante, a textura da pele, os cabelos, os olhos, vai rejuvenescendo, se reconstituindo.

Você não precisa mais se deslocar para um lugar de um clima diferente para melhorar sua saúde, seu corpo e sua vida. Basta se recolher num canto de sua casa e visualizar esse local, que sua sensória toma como real e passa a agir no seu corpo de forma positiva, começa a produzir enzimas e vai fortalecendo seu sistema de defesa.

Corroborando essas colocações de que a visualização interfere inclusive no físico, veja o procedimento adotado pela dançarina americana Isadora Duncan, que fez muito sucesso na sua época com sua escola de dançarinas. Ela tinha uma identificação profunda com a Grécia e a arte grega e preencheu os espaços da escola com estátuas gregas para que as crianças olhassem e se tornassem semelhantes. Tanto ela insistiu nisso que as crianças foram crescendo e tomando aqueles formatos, a graça das estátuas. Ela já conhecia essa questão da sensibilidade e da influência que a visão, a imaginação exerce sobre o corpo.

Veja, então, como podemos trabalhar pela beleza, pela saúde, por absolutamente tudo, e isso é válido tanto para quem está reencarnado como para quem está no astral. As leis são as mesmas. Você morre velho aí e como vai se tornar jovem quando chega aqui? Por aqui, esse processo é até mais fácil, porque a influência da mente sobre a matéria astral é muito maior que na Terra. A pessoa, dependendo de suas habilidades, volta à idade que quiser, inclusive na aparência de criança. Só na aparência, porque na consciência vai depender do quanto já estiver expandida.

A primeira coisa que se faz quando se chega aqui é largar tudo da Terra, porque quanto mais rápido se largar, se liberar dos limites impostos pela matéria, mais depressa se consegue mudar o corpo astral e mais se usa a capacidade que se tem de se regenerar totalmente. Com mais aprofundamento do conhecimento desse processo, a pessoa toma consciência das formas que teve em vidas passadas e, se quiser, pode escolher a que mais lhe convier.

Normalmente, as células do seu corpo são trocadas de onze em onze meses. Se você fizer uma mentalização sistematicamente para regenerar algo por onze meses, novas células já nascerão com esse novo modelo e você não terá mais problemas para o resto da vida, porque elas vão se repetir, pois o modelo fica lá e o bicho já aprende.

Ao mesmo tempo que as células tiveram tempo de morrer e de se reciclar, um dia todas vão morrer em definitivo, você larga a matéria e vem para cá. Como tudo foi refeito em onze meses, chegando aqui não haverá nenhum sinal no seu corpo astral. Mas, se não tiver feito essa modificação — a memória celular guarda tudo —, suponha que você diga uma palavra que se refira a algo dolorido pelo qual tenha passado; imediatamente, o local onde você machucou há muitos anos começa a doer, porque você não desprogramou a memória.

Se usar essa técnica, quando a molécula morrer, apaga de vez e você supera o problema. Aquilo vai-se vagarosamente apagando, apagando, até se recuperar e se curar. E, se você cuidar, cura mais que o remédio porque isso é muito forte. Não é se cuidar fazendo exatamente o que o médico quer, mas se cuidar por dentro. No futuro é o que vamos fazer em vez de ingerir tanta droga. As pessoas vão aprender e desenvolver essa técnica desde a infância e não ficarão doentes. 'Mente sã em corpo são', segundo o provérbio.

É bom começar a praticar essa técnica da imaginação positiva tanto para anular algo negativo como uma doença que, em outros termos, é materializar a saúde, como materializar algo que queira que faça parte da sua realidade, como bens materiais, relacionamentos.

Cada um pode fazer do jeito que quiser, desde que use a imagem nítida, tridimensional, com detalhes e se veja inteiro naquilo. Quanto mais lhe parecer real, mais vivifica, mais o corpo sensório capta e reage em favor daquela imagem.

8

O BICHO SEGUE SUA POSTURA

O bicho seleciona o que é bom para você e guarda em lugares diferentes. Se o que ouviu e aceitou é algo bom para você ele absorve este conhecimento que passará a fazer parte de você. Mas se o material é negativo e não funciona bem para você, ele não o deixa entrar e isso fica colado em sua aura. É a maioria das vozes que fica em sua cabeça falando o tempo todo. Nós as chamamos de amebas.

As amebas representam tudo o que seus pais e educadores lhe transmitiram, impressionando você negativamente com: o que é certo ou errado, como você deve ser, o 'tem que' para os outros 'me', valores e moral que servem para guiá-lo neste mundo, impressões de como é você, quão imperfeito você é, como deve se comportar etc.

Tudo isso ficou impregnado em você de forma a dominá-lo insistentemente, atordoando-o e escravizando-o. Mas, é claro que você pode anular tudo isso se fizer o exercício do tubo, fazendo vibrar no peito, através da coluna, depois para os pés. É assim também que a memória celular se desprende ou se fixa. Desprende o que não faz sentido e fixa a nova crença positiva. Afirme constantemente para dentro do tubo, na vibração do corpo inteiro: EU CONFIO EM MIM. É uma das afirmações que mais agradam e sensibilizam o bicho.

As amebas atuam onde você tem sensibilidade. Para a maioria das pessoas se situam na região da cabeça, na área do couro cabeludo. A melhor coisa para acabar com uma perturbação, por exemplo, é dedicar-se a esse exercício: "Isso não é meu, isso não sou eu", falando no tubo.

Toda perturbação nesse sentido não é sua. É coisa que vem de fora. São influências dos encarnados, dos desencarnados ou dos ambientes físicos ou astrais, contudo, elas vêm por meio da mente que não tem controle suficiente para evitar isso. É um ponto fraco seu que precisa ser corrigido. A cabeça que fica muito na dos outros, na do mundo, está suscetível a toda espécie de energia negativa. As influências são dos outros, mas a responsabilidade é sua.

É a sombra sensória que cuida disso. Quanto mais ela se aperta nos limites do corpo, da pele para dentro, menos você vai sofrer uma influência bioenergética. E como fazer para que a sombra sensória fique da pele para dentro? É só parar de dar importância para os outros, parar de se impressionar com o mundo, voltando para si, fazendo afirmações com convicção, em resumo, tomando posse de si.

A sombra sensória está no astral, mas se ela se comprimir no corpo físico, solta tudo que é do astral e fica no ambiente físico. Você está lá com uma perturbação e diz com convicção para dentro do tubo: "Eu estou bem, eu não tenho emoção negativa, eu tenho discernimento; o espírito da vida está ativo em mim", o bicho se comprime no corpo físico e solta aquilo que não é seu. O corpo sente que libera.

Isso é magia. Seu corpo é pura magia. O corpo de magia é sensual, por isso que atrai. Quando você põe a sensualidade, ele cresce. Qualquer um sente isso. Toda pessoa de grande poder e carisma tem essa coisa funcionando.

Basta notar uma mulher como a modelo Gisele Bündchen. Ela faz tremendo sucesso. Há mulheres mais bonitas que ela, mas não despertam a mesma atenção, enquanto nela, tudo impressiona. O andar, os cabelos, a simplicidade, a leveza. O que é isso? O bicho da sensualidade dela. Uma pessoa que tem essa sombra forte é irresistível, porque o carisma prevalece. Qualquer roupa que vista lhe cai bem. Até um errinho que ela cometa fica interessante. As outras, também vestidas com a mesma roupa, não ficam tão elegantes. É a roupa? Não. Porque o que conta é o corpo que está vestindo a roupa.

Outro exemplo do poder dessa sombra é aquele cantor ou cantora de muito sucesso. O que é o cantar, o interpretar senão a sensualidade? Quem já viu grandes intérpretes no palco sabe muito bem do que estou falando. E as negras norte-americanas cantando blues, jazz? Essas pessoas podem cantar qualquer tipo de música, que o público fica encantado. O carisma, o bicho sensual, é um encantamento.

O carisma, que é a força de atração, traz tudo o que você quer. Na prosperidade, por exemplo, é o dinheiro, é o amor, é a oportunidade, é a graça dos outros, é a atenção dos outros, os favores dos outros, o bem dos outros, enfim, tudo de bom dos outros.

E tem mais, se o carisma estiver muito bem assentado na pessoa, não adianta jogarem magia, pensamentos negativos que ela não pega nada. Mesmo que seja um bandido, se tiver carisma, não pega, não é preso.

O carisma é uma qualidade de positivação com você. É uma força que está em si, na sua sombra, mas está, acima de tudo, na sua sombra sensória e na sombra do ambiente juntas. A sombra sensória, além de perceber as sensações, as energias do mundo e transformá-las em emoções, sentimentos e pensamentos está, também, muito ligada a toda nossa energética.

Ora, quando você se envolve com seu próprio prazer, ou seja, quando você não tem nada contra si, aquilo vem. É um estado que se pode ter esporadicamente ou para sempre e, quanto mais cultivado, mais se fortalece.

As pessoas carismáticas sabem que são únicas e vivem na sua unicidade. Elas não fazem muita mistura, porque, se fizerem, vão se perturbar e serão muito infelizes. Mas, quando entram nesse estado, como a Marilyn Monroe entrava, acreditando que estava assumindo uma personagem, hipnotizava o mundo. Mas, quando saía, ela se atolava em problemas. Ela não sabia que era o bicho da sensória que fazia tudo aquilo. Mesmo a Gisele Bündchen, se achar que não passa de um simples papel e que no dia a dia é bem diferente, poderá se apagar.

É muito interessante essa qualidade que está disponível para todos nós. Quando você se põe, é tudo de bom, a despeito da sua cabeça achar que esteja desempenhando um papel, um personagem. Não importa. Você dá a condição e o bicho faz. Saiu daquilo, virou aquela pessoinha comum porque acha que é humano, pronto! Voltam todos os problemas. Tudo depende de como você assume as qualidades.

Desse modo, na cabeça, dê uma interpretação sua: "Não, fui lá, banquei a gostosa e deu tudo certo, tomei coragem, fiz um tipo que todo mundo me achou o máximo". Mantenha essa postura sempre, porque se voltar à pessoinha comum, aí na sua cabeça, vai ter o que as pessoinhas comuns têm.

Tudo é uma questão de postura. Não importam os motivos pelos quais você se dá mentalmente para formar uma postura, seja de coitadinho desgraçado ou de maravilhoso, de bacana, livre, sensual ou de uma pessoa santa. Quando você se põe e veste o personagem, está feito. O bicho ativa de acordo com o que você está vestindo.

As sombras vão se combinar conforme sua proposta mental. Se você se pôr de sensual, de bonito, se torna aquilo. Não precisa fazer pose. Não importa sua aparência nem importam os outros lá fora. O que importa é o que o bicho entende. Quando você se põe de bonito, já está abrindo o belo em você, assim também ocorre com o gracioso, o bem-humorado, o descolado, o safadinho, o esperto, o jeitoso e, da mesma forma, com o feio, o sem graça, o burro. Você se pôs, o bicho ativa.

Você só tomou coragem quando decidiu vesti-la e se pôs de corajoso. Se era um assunto que você tinha na cabeça e, devido a um monte de besteiras e negatividades, medos, não se decidia, mas, um dia, resolveu não entrar nas circunstâncias: "Não,

não dá. Ah eu vou precisar tocar pra frente". O que você fez? Vestiu a postura. Então, as portas se abriram. A mulher deu seus palpites contrários, quis levá-lo na conversa, mas você foi firme na sua postura.

O ser humano tem que aprender que tudo é o que ele projeta. A pessoa vai gostar de você não pela sua educação, mas pela maneira de como você se põe. Às vezes, não está nem doce e chega firme: "Olha, a coisa é a seguinte: é isso, isso e tal". Não é muito educado e nem gostoso de se ouvir, mesmo porque a pessoa sabe que não está certa, mas você está tão firme e confortável naquela sua coisa, no seu direito, que o outro entra na sua e resolve.

Sabe aquele que diz: "Eu convenço qualquer um?". Ele põe uma postura, e na hora surge aquela lábia nos negócios, que vem do bicho, que acaba convencendo. Todo vendedor bem-sucedido usa isso. Pode estar passando um monte de mentira, mas ele se põe naquela postura firme que o bicho do outro acaba se convencendo e comprando seu produto, mesmo sem precisar. A maioria dos políticos no Brasil se elege assim.

"Mas você é muito cara de pau porque mente, porque isso, porque aquilo". Essa falsa moral rígida, severa, que é perfeccionista, enfim, profundamente inadequada, vive dando trombada em tudo e as coisas não andam. As pessoas só sabem ficar indignadas achando que o outro está no delírio, sem perceber que são elas que estão no delírio da vaidade, julgando que são melhores que os outros. Usam o mecanismo de compensação para seus complexos de inferioridade, consideram que o certo é o que a cabeça acredita e não o que a alma diz.

A alma é o sensor do justo, do legítimo, do que é humano, do que é válido e não anda por regras. A alma anda de acordo com cada situação, considerando coisas que você não vê, enquanto que a cabeça se prende nas regras e naquilo que está na superficialidade.

O bicho tem muitos poderes. Ele se comunica com o bicho do outro através da energia. Como é que o cachorro dá atenção a você? Quando você emite energia de controle superior, de dono. Com a criança acontece a mesma coisa. Não precisa bater, nem gritar. É só olhar que a energia emerge. Seus pais não eram assim? Não precisavam dizer nada. Só no olhar você parava com aquilo ou ia fazer o que pediam, e nunca os filhos entendiam como maldade ou desonestidade. É um recurso de expressão.

Do que adianta você ter alguma coisa para colher se não sabe como falar, não sabe pedir, não sabe chegar? Você pode até achar que tem direito, mas se sua expressão for rasa, fraca, é do tipo que fica pedindo atenção, consideração, nada vem devido à energia que gira ao seu redor.

179

Quem tem e se põe, tudo vem automaticamente, sem precisar falar nada. Aí, o irmão diz: "Puxa, mas com você é diferente! Eu vou lá pedir para o pai para sair e ele diz 'não' e você pede e ele concorda, então eu mando você sempre, já que você é a queridinha".

Não é nada disso. É a postura. Quantos não passaram por isso na infância, na juventude? "Ah, você enfrenta". Não é que enfrenta. Ela tem atitude, se coloca e o pai ouve e responde sem grosseria. Ela vai sem a postura de medrosa, com suas razões e o pai até a admira.

Portanto, no mundo, os bichos são nossa máquina de criar energia, o campo energético favorável ou desfavorável que impressiona as pessoas positiva ou negativamente.

Existe também o neutro. O neutro, muitas vezes, é mais usado que o negativo para se defender, se apagar, para não ser notado, para que a pessoa não seja ruim com o outro. Ela se esconde, se põe numa postura que ninguém a vê na rua. Anula-se tanto que os outros nem se lembram dela. Sabe aquele homem sonso, que não chama a atenção? Pode ser até bonito, mas não diz nada. Sua energia não convence os bichos de ninguém. Com a mulher é a mesma coisa. Ela é linda, os homens até chegam, mas depois perdem a vontade e o interesse por ela.

É assim em tudo. Na vida afetiva, sexual, profissional. O que é a vida profissional? É se relacionar com os outros. Por que aquela têm tantos clientes? Por que você é chefe ou subordinado? Você tem uma equipe boa, eficiente, participativa ou trabalha sozinho? Você tem que vender seu trabalho para alguém ou vai ser um fracassado.

É isso o que vai arrumar sua vida e a das pessoas, porque elas estão esperando que os atos delas sejam reconhecidos. Por outro lado, o ato não vai ser reconhecido se elas não tiverem determinado padrão de energia emitido pelo bicho. Lembra-se das pessoas carismáticas? Dos grandes intérpretes? É a mesma coisa.

Tudo de bom pelo que você passou e conseguiu foi porque estava nisso. O que passou de ruim, também estava, só que de forma negativa. Se achou menos ou feio, ou não era bom o suficiente, tinha aquele defeito, era uma porcaria, se pôs na postura e seu bicho aceitou e espalhou para o ambiente, enquanto os bichos dos outros pegaram e responderam da mesma maneira.

Sabe aquele que faz o tipão? E não é que impressiona? Ele tem que fazer um tipão para impressionar, mas é só uma postura exterior, porque a postura que vale mesmo é a interior e, no caso dele, é negativa. Porque ele acredita que não é nada daquilo, que está sendo falso. Está fazendo um tipo para se proteger; quem é fraco, não consegue deixar de ser o tal porque a vaidade e o orgulho não permitem. É dessa postura mesquinha que emana a energia que os demais bichos entendem.

No entanto, quem faz porque se põe, sem procurar a consideração, a atenção, mas porque se vê assim interiormente, esse consegue. Ele consegue ser entendido e consegue o seu objetivo. Ele não é fraco nem forte, nem bonito nem charmoso, nem desengonçado nem agradável. Apenas está na postura e essa postura transmite uma elegância, um 'algo a mais', um charme que cativa a todos, mesmo usando pijamas.

A confiança na gente sempre é relativa. É uma decisão: "Eu confio em mim". Nessa postura você está notável, sabe das coisas e tudo que fizer assim, os outros aceitam e dá certo.

Haverá dias em que você vai fraquejar um pouco, mas volte correndo para essa postura para sua vida continuar dando certo. Tudo está em suas mãos, pois, por tudo o que está fazendo, queira ou não, saiba ou não, você é o responsável.

9

IMPULSOS BÁSICOS

Nós temos que nos enxergar, olhar para nossa existência física, compreender que somos físicos e não mentais. A mente é uma função da sombra, do bicho. Trata-se de um aparelho que precisamos educar para não termos problemas.

Outra coisa significativa para a qual precisamos dar atenção são as emoções. As emoções não fazem parte da mente. Pertencem às forças mantenedoras da nossa vida, ao corpo astral que é o próprio bicho.

O corpo físico é só uma casquinha, enquanto a sombra, que é um conjunto de forças de expressão, nos segue pela eternidade. Você mora dentro do bicho. Ele o aceita como chefe e sua incumbência é dirigi-lo, ou seja, controlar a mente e as emoções.

O bicho é controlável. O que o eu consciente não controla é a alma, a parte luz do espírito responsável pelos sensos, pelo entendimento, pelos

183

sentimentos como o amor, a compaixão, a paz, a alegria. Os sentimentos partem do peito e se expandem na horizontal, enquanto as emoções, como a raiva, o sexo, a coragem, partem da base da coluna e tomam o corpo todo na vertical.

Diante disso, a mente e as emoções são de sua responsabilidade, enquanto a alma é independente de você, porque ela precisa orientá-lo. É um órgão orientador que dá sentido, que tem todos os sensos, como o senso de direção, senso de cor, de proporção, de tamanho, de quantidade, de matemática, de ética, de estética, de verdade, de liberdade, de humanidade, de realidade, de jogo de palavras e de musicalidade na palavra que é a poesia, senso de arte, de adequado, de funcional etc. São neles que se apoia a razão.

Os sensos fazem movimentar a razão no sentido perfeito dela. A alma dá base ao raciocínio lógico. Sem ele não há matemática, não há ciência, não há entendimento, conhecimento, luz.

Não confunda senso, de dar sentido, que é da alma, com sensório que é da sombra sensória, do bicho do qual falamos, incluindo os cinco sentidos e a mediunidade. O bicho é instinto. Não racionaliza, não explica, não justifica, não diz o porquê. Age pelo invisível e se manifesta pelas sensações do corpo.

O instinto flui da sombra sensória e também tem a função de nos orientar no mundo físico, como nas relações com os outros, nas relações com o ambiente, nas relações com as coisas materiais, no trabalho, na sexualidade, enfim, nas coisas imediatas. Já a alma é a orientadora da inteligência.

As emoções são impulsos vitais que mantêm em funcionamento as capacidades humanas. Um dos impulsos mais importantes é a sexualidade. Na matéria, quando está no estado de corpo físico, serve para a reprodução, mas não existe só para isso.

É também a energia da libido, que cria uma substância conhecida por ectoplasma, que liga o corpo físico ao corpo astral quando o indivíduo está reencarnado.

Fora da matéria, a libido continua funcionando naturalmente, provocando o erotismo, criando a ternura e a sensualidade. A libido é a ternura humana que promove o elo entre as pessoas.

E a ternura, por sua vez, é uma das coisas mais importantes do ser humano. É como se fosse o óleo que lubrifica a máquina e a faz funcionar melhor e com mais suavidade. Quando tudo parecer pesado, se houver ternura, anda bem, melhor.

A libido é a atração terna que une as pessoas em grupos e, por consequência, faz a família. Ela também une o social, nutre a mente, a sombra sensória e todos os outros sistemas do bicho. Se o fluxo de libido for interrompido em alguma área do corpo, você perde a sensibilidade e, perdendo a sensibilidade, perde a consciência.

Veja como a libido e o fluxo dela, que é a energia sexual, é de extrema importância para o funcionamento de nosso organismo sensível. Não é só usada para o sexo, mas para tudo que é sensual, ou seja, tudo que é prazeroso aos sentidos, como o abraço, o beijo, o carinho, o banho, a comida, a risada, a bebida, a roupa, a cama gostosa, o sol na pele, a água do mar no corpo, o perfume...

Muitas pessoas podem nem ter complicações no sexo, mas podem ter em outras partes, como no caso de lesões traumáticas em que perdem partes porque a libido não está fluindo naquela área, refletindo para o psicológico, para o energético, para o social, para o profissional.

Perceba como a criança adora uma pessoa sensual. O bicho adora uma pessoa sensual, não confundir com sexual nível baixaria, mas sexual de beleza. É coisa da libido que projeta o carisma. É quando a libido corre pela sombra do centro, que é o EU. Aquele EU de posse de si, de dono de si, do "Eu confio em mim". Veja como é importante a força da libido.

Vamos falar de outra força, de outro impulso básico que sobe da energia da terra pelas pernas, passa pela kundalini, se potencializa, passa pela coluna vertebral ativando todos os chakras, todos os meridianos, todo sistema bioenergético, tomando conta do corpo todo, conhecida como raiva.

Quando você detém uma ameaça ela se transforma na força de subsistência, de defesa da violência, da agressividade. De maneiras mais suaves dá a ousadia, ela está nas mãos, nos dentes para mastigar, em todo o processo digestivo para destruir os alimentos e transformá-los em outras substâncias. Todo problema de metabolismo vem da disfunção dela. Por que esse órgão não está funcionando? Porque essa energia não está sendo distribuída.

Ao afirmar: "Ah, hoje estou disposto". É porque já está com essa energia. Por que, então, ela pode ser perigosa? Porque você a põe no caminho errado, no caminho da raiva desgovernada.

Tudo que é mal dirigido provoca efeito contrário. O povo tem muito preconceito a respeito da raiva porque só a vê como algo desgovernado, como algo que faz mal. A raiva é simplesmente preservadora da vida. Se não houvesse essa força, a espécie animal já haveria se extinguido.

É a raiva que nutre o sistema imunológico, o sistema de defesa. Se o indivíduo está mais para um bobão é porque castra essa força. Esse vai morrer rápido.

Se a criança chega dodói, com problemas imunológicos, coloque-a para brincar de herói. Coloque-a para se exercitar que aquilo some tudo.

Aquele fraquinho está sempre pegando doença. Onde está a força dele? Foi reprimida por algum motivo. Geralmente vem de pais opressores e castradores que educam, ou melhor, deseducam pelo medo.

Se não fosse a raiva não haveria coragem, não haveria ousadia, não haveria vigor, não haveria vida. Se você apoia essa força, apoia todas as funções do organismo, inclusive a virilidade. Viril não pode ser pamonha nem bunda mole. Tem que ser um homem vigoroso ou uma mulher vigorosa. É aquela pessoa que agarra e que enfrenta com muita disposição até o fim da vida física e depois também no astral. É o que a gente chama de pessoa de garra, de fibra. É quem tem a capacidade de se manter firme numa situação difícil, capacidade de ter força para amar. O que nós chamamos de sombra da defesa, sistema de integridade, pois bem, o sistema imunológico, que defende a individualidade, é nutrido por ela.

A raiva é arrancada da terra. Por isso o ser humano, os animais, as plantas para serem firmes precisam estar com os pés, patas e raízes no chão. Firmeza é raiva governada, bem dirigida. Aquilo vai para cima pelas pernas e toma conta do corpo todo.

Essa incrível força é educável, como todas as nossas forças e precisa ser de acordo com cada um. É ela que destrói, por exemplo, todos os bichos, as bactérias, os vírus, os fungos. Por essa razão, o ser humano e os animais sobrevivem na Terra. Ela tem essa característica porque no planeta é preciso matar para comer para subsistir.

Fora da matéria não tem isso. Tanto é que os animais ferozes e carnívoros se tornam dóceis no astral, pois lá, como não se morre mais, ninguém come carne, mas a raiva continua nascendo e tem outras funções, pois é a energia que nos mantém, porque ainda estamos sob o magnetismo da Terra. Ela pode ser tirada também do sol e de outros astros.

A raiva é um aparelho muito antigo na nossa constituição e muito antes de habitarmos o planeta e pegar esse bicho para morar ela já existia. Então, ela vem da força do universo, da explosão primal. Sem essa energia não teria existido o Big-Bang.

É uma energia muito forte e imperativa que caminha com o universo, e é ela que nos leva para frente na evolução para que nunca possamos retroceder. Podemos sofrer, até perder o corpo porque depois ela reage com força e nos empurra na direção que temos de seguir.

A raiva é o verbo que nos criou. É claro que não vamos dar porrada para todos os lados com a raiva desorganizada. Precisamos aprender com a inteligência e usá-la de outras formas. Todavia, ela jamais poderá ser castrada ou tolhida sob pena de lhe causar um mal tremendo a ponto de arrebentá-lo inteiro até você aprender a soltá-la de maneira inteligente.

O que é morrer no avião que explode? O que é morrer no trânsito? O que é que a vida quer ao lhe dar um tapa na cara? Que você volte a reagir. Que você acorde e largue mão de ser bobo. No dia que você reagir, tudo e todo mundo param de agredi-lo. É assim. Deus não brinca, não. Fique se lamentando para ver o que vai levar. Fique no papel de coitadinho, de vítima, para ver se não vai parar na UTI recebendo aquelas agressões próprias de hospitais, como ser entubado, cirurgias invasivas e o isolamento. Por isso a medicina não pode evoluir ainda como poderia, porque a maioria das pessoas ainda não tem condições de não ser agredida.

Nada mais é do que educação. Tem muita gente que leva muito bem a energia da raiva, sem problema nenhum, e vive tranquilo. Quem não sabe lidar, a raiva se vira contra e se transforma num monstro terrível. O umbral, as trevas são poderosos porque são feitos com essa energia.

Por que ela provocou a dor? A mensagem da dor é simples: por aí não. Deus não precisa castigar e punir ninguém. Ele deu a inteligência para ser usada. Não usou, vem a dor. Vá para o sentir. Largue a cabeça. Sentir é viver.

Você apenas precisa entender o que é essa força e precisa respeitá-la, dominá-la para não voltar contra si, mas trabalhar a seu favor. Raiva não é um mal, mas um poderoso bem geralmente utilizado de forma inadequada e dominá-la é usá-la bem, porque nada foi criado para ser usado para o mal. Tudo foi criado para ser usado para o bem.

Não marque bobeira, seja firme utilizando a raiva a seu favor. A eletricidade é um bem extraordinário, mas vai lá colocar o dedo num fio desencapado, ou fazer uma ligação errada para ver o que acontece. Tal qual a eletricidade, a raiva mal utilizada se transforma em um monstro que mata.

Outro instinto básico do bicho é a força da habilidade ou responsabilidade. Habilidade é a capacidade de ação, a predisposição para a ação, a energia que flui no agir, no fazer, no se movimentar, que é um aditivo das qualidades e das capacidades inatas.

Você não percebe na criança que ela tem vontade de fazer tudo? Quando ela vê você pegando a vassoura, logo quer varrer. É compulsivo. Se os outros não a estragarem, ela vai ser uma pessoa bastante ativa, supercapaz.

A responsabilidade surge quando a pessoa assume essa necessidade e essa força com inteligência. É a habilidade de criar as coisas com inteligência, não só com a inteligência mental, mas, principalmente, com a inteligência do bicho. Quando a pessoa faz uma panela de cerâmica, um machadinho ou quando usa a tecnologia, quando escreve, enfim, quando faz qualquer coisa, tudo é feito com essa força. Se a bloqueou, então não fará nada certo e se tornará uma pessoa incapaz.

A curiosidade é outra força do bicho, ela é mãe da inteligência. É uma energia extraordinariamente forte que ativa todos os sensos, todo o sistema nervoso e que dinamiza as condições chamadas cognitivas, ou seja, as capacidades mentais para evolução da inteligência mental e da inteligência física: "Quero ver se vou ser capaz". Ela vai, vai, tenta, procura saber a melhor forma de fazer.

A curiosidade dá o impulso: vamos, venha, olhe, escute, vá, pare. Ela vai estimulando, e a inteligência pega. Você não precisa fazer nada para a criança. É só colocá-la no chão que ela vai procurar alguma coisa. É só chamar e ela vai, se não quiser, não vai e toma o rumo para algo que a chamou atenção. Pega aquilo, sente o tato, ouve para ver se tem barulho, põe na boca para sentir o gosto e até cheira. Tem uma hora que é um inferno para a mãe por causa de determinados objetos perigosos.

"Não pode ir lá!". Despertou a atenção e a curiosidade dela, ela quer ir para ver o que é aquilo. Quanto mais curiosa e quanto mais você satisfaz a curiosidade de uma criança, mais inteligente ela vai ser. Crianças privadas de estímulos se tornam pessoas limitadas, burras, lesadas, molengas.

O moleque que foi criado na rua sem a intervenção de ninguém cresce esperto, mais inteligente, apesar de estar mal orientado moralmente, mas não há quem o dobre. Já veio com um bicho que tem aquilo.

Todas essas forças trabalham em conjunto com mais uma, que é o impulso da presença. A presença é o corpo do espírito. Quando você está presente, porque não tem vergonha, domina o ambiente. Você existe e impõe respeito.

É essa força que faz você conseguir as coisas na vida. Ela tem individualidade, temperamento marcante, tem voz, tem cor, tem a arte, tem carisma porque tem a sensualidade que ajuda. A presença é o EU. É por esse motivo que uma criança que não é tolhida, chega, toma o lugar e todo mundo fica doido atrás. Depois, chegam os adultos com sua censura e ela pode ou não mudar dependendo do seu espírito.

Note que as crianças de hoje são mais espertas, mais descontraídas, mais soltas que as de antigamente? E as meninas? Já querem pintar as unhas, passar batom, fazer maquiagem. Tudo isso é devido ao impulso da presença, desde cedo.

Esta é uma característica do ser humano que o diferencia das outras espécies. Ele pode criar várias personalidades para viver na sociedade, do jeito que quiser, a seu modo. Essa capacidade está no bicho e cada um atua nisso deixando seu toque pessoal, que o diferencia dos demais e, nessa diferenciação, ele obtém o sucesso.

É a questão da postura da qual falei anteriormente. A postura tem tudo a ver com a presença, independentemente de ser. Manipulou o eu consciente, manipulou o poder da presença, você cria a personalidade, você cria as posturas que fazem o seu destino.

Se essas forças não forem dominadas, a sociedade as domina e domina você de uma forma primitiva. Se você as dominar, e isso deveria ser feito na educação, obviamente não tem problema na vida. É só sucesso naquilo que quiser, dinheiro, amor, saúde, tudo.

É o maior instrumento que você tem na evolução. Por isso digo que não devemos ser emocionais. Emocional é quando os impulsos são criados e direcionados negativamente. Quando as mesmas forças são encaminhadas positivamente, você tira todo proveito. Mas, não é isso que geralmente acontece e, em vez de tomá-las como um bem, você procura evitá-las porque lhe parece prejudicial e assim se amarga.

Raiva é força, é domínio; a sensualidade é ternura, é vida; a curiosidade nos mantém completamente inteligentes; as habilidades nos fazem profundamente capazes, especiais, úteis; a presença nos possibilita o sucesso.

Quando você tem raiva, revolta, tristeza, angústia, aflição, ansiedade, é porque as funções dessas forças foram desviadas. O medo, por sua vez, não é emoção. O medo é uma coisa que a gente aprende para conter esses impulsos, por isso é pernicioso, porque embota, ele castra e a pessoa se torna abobada, doente e se acaba toda. Vem das promessas de tormento, de dor que o ser humano faz sobre o outro desde a infância, que geralmente se tornam crenças no mal.

Os índios, como não têm essa cultura, não sofrem medo e nem ameaças. Não foi assim na época da escravidão? Eles morriam, mas não se submetiam e nunca viraram escravos. Para eles, 'não' é 'não'. Não tinham medo na cabeça. Nem sabiam o que era isso. Não foram criados para serem subjugados. Foi-lhes ensinado como se comportar na cultura deles, que é bem diferente da nossa.

Nunca foram escravizados. Os europeus tiveram que buscar os negros. Na América do Norte ocorreu o mesmo. Só que os índios de lá, como os moicanos, eram violentos e encaravam os invasores. Matavam-se todos, mas não se escravizaram.

Portanto, medo não é emoção. É crença no mal e vira maldade que lhe puseram na infância. É preciso separar medo de cuidado. O cuidado existe e é muito útil. Seu bicho sabe que uma cobra é perigosa. O índio não tem medo, mas tem cuidados.

195

Ele vai se precaver frente às forças da natureza e a respeita. Ele sabe que a onça não é flor que se cheire e que tal erva é venenosa. Isso se chama precaução, que é uma sabedoria adquirida com a experiência.

As forças do bicho, ou os impulsos básicos, se manifestam de várias formas segundo a individualidade, como é o caso da habilidade. Cada um tem sua habilidade para aquilo. A sexualidade, por exemplo, também se apresenta de várias formas. Quando alguém transa com alguém que não é afim, o resultado não é satisfatório, porque não tem bicho, não tem pele.

Do mesmo modo como ocorre com a classificação sanguínea, há tipos mais universais e tipos mais raros. Teoricamente, você pode transar com qualquer um, mas nunca vai ser tão bom quando você encontra um afim. Tudo depende. Tem gente com gênero mais raro que tem menos interesse sexual. Os do tipo universal mostram mais interesse sexual.

10

O TEMPERAMENTO

Há uma diferença entre temperamento e personalidade. A personalidade é como se fosse um papel que a pessoa desempenha para interagir na sociedade. É aprendida, construída, modificada ao longo da vida, de acordo com a aprendizagem necessária para saber lidar bem com o mundo exterior. O temperamento vem do bicho, é imutável e jamais poderá ser recalcado.

Para ficar mais claro, tomemos como exemplo, um professor. Seu temperamento é pessoal, individual, que é a vocação para ensinar e o seu jeito característico de ensinar é único. Sua personalidade é como ele aprendeu para lidar com o ensino na sociedade e na escola, ou seja, como ele vai desempenhar seu papel de professor. Ficará mais do lado da diretoria ou dos alunos em eventuais reformas? Precisará se manter atualizado em sua disciplina, precisará adaptar-se à estrutura da escola.

O temperamento se caracteriza pelas diferenciações, pelas variações que produz. As variações regulam o equilíbrio do universo. Se houvesse duas coisas iguais em todo o universo ele se sucumbiria por inteiro. A única igualdade que existe no universo é que tudo é diferente.

Há um pensamento dos antigos que diz que, como Deus é único, Ele só pode fazer o único. Deus não repete porque não conhece o igual. Não há dois grãos de areia iguais em todas as praias e desertos do mundo.

Cada indivíduo tem uma constituição diferenciada que o torna único. Perceba nas pessoas, cada uma com sua impressão digital, cada uma com seu jeito de escrever, jeito de andar, de falar, com seu timbre de voz, enfim, com seu jeito único de ser. O mal da humanidade é querer padronizar, igualar, idealizar, comparar. Por esse motivo, o comunismo é a maior aberração dos sistemas políticos.

Um exemplo absurdo é do canhoto forçado a escrever com a mão direita para se tornar destro. Isso vai ter reflexos negativos no seu desenvolvimento como gagueira, falta de coordenação motora, fobias etc. Vai criar problemas internos mórbidos porque estão recalcando o seu temperamento.

Tudo na natureza é riqueza e variação. A diversidade natural vai muito além dos padrões humanos convencionais. Ninguém é errado, é só do jeito dele.

Cada um tem seu temperamento, suas capacidades e possibilidades assim como os limites são por ele determinados. Há pessoas que fumam a vida toda e não adoecem, enquanto outros se arrebentam todos. Não tem esse negócio de isso pode e aquilo não pode, que tal coisa faz mal para todo mundo. Depende de como o bicho de cada um trata aquilo.

Com a comida, ocorre o mesmo. Para uns, determinado alimento é bem digerido e para outros, não. Para uns, solta o intestino e para outros, prende. Certos temperamentos consomem mais determinadas substâncias.

As substâncias nos organismos são diferentes, mas não são produzidas da mesma forma, justamente por causa do temperamento. Quem tem mais adrenalina é mais hiperativo e, se ficar parado, vai passar mal.

O temperamento também define o comportamento erótico, se é hétero, homo, trans, se é bi. A sexualidade não é escolha nem opção. Dois homossexuais não são iguais na sexualidade. Um pode ser mais masculino que o outro. Uns gostam de sexo oral, outros não. As variações são imensas. O modo de falar, de olhar, os trejeitos, o andar, tudo conta para essas variações.

As roupas, o modo de se vestir, a preferência por determinada cor também é do temperamento.

Quando você coloca aquela roupa que lhe cai bem, não adianta ninguém falar que você não muda, não é assim?

Há temperamentos diversos e aptidões para todo tipo de tarefa. Uns são mais quietos e outros mais ágeis. Uns são bons no esporte, na dança, na culinária e, principalmente, nas artes. Uns são bons na pintura, outros na música, outros no canto, no teatro, na poesia, na escultura, na arquitetura, enfim, tudo isso está relacionado ao temperamento. Veja quantas tarefas que envolvem as aptidões do bicho.

Até a ternura é uma variação do temperamento. Onde você gosta de ser acarinhado? Nas costas? Na cabeça? No peito? Tem gente que detesta, entendeu? Veja como os animais gostam quando são acariciados na barriga. Até deitam para receber o carinho. Muitas pessoas não dão o rosto para beijar porque não toleram que toquem no rosto. Perceba o aperto de mão como é diferente de pessoa para pessoa.

O que é prazeroso? É o que está no temperamento. Desrespeitou aquilo, vai ter problema. Então, o que é que lhe dá prazer? O que é que não lhe dá? É preciso se atentar para isso.

O que é o faro? Você pensa logo no nariz, mas para o bicho é mais do que nariz. Quem tem faro tem a esperteza para aquilo. Tem um grande discernimento e estímulo para determinados negócios. A pessoa vai direto, corta caminhos.

"Como você consegue?". Não tem esse consegue. É do temperamento. Por exemplo, o meu menino tem essa mania de que se não estiver tudo arrumado, perfeito na estética, ele se torna insuportável, não dá nem para chegar perto. Tem que ser do jeito que ele sinta que está em harmonia. Não pode ficar num lugar apertado. Se estiver, já larga tudo e vai para a rua porque precisa de espaço. Não gosta de muita gente em volta. Já trabalha e lida com tantas pessoas que precisa permanecer a certa distância delas. É o temperamento dele e acabou.

Essas coisas são tão fortes no bicho porque estão definindo você como ser no caminho da eternidade. Essas características tendem a se aperfeiçoar e se desenvolver cada vez mais, enquanto vão surgindo outras que ainda estão esperando.

Algumas precisam crescer e se firmar para servirem de suporte. Primeiro, você precisa aprender a falar para depois escrever e assim vai. Essa sistemática faz parte das habilidades de nosso bicho. O que é da alma que tem uma visão diferenciada, é relativo aos sensos, ao entendimento. A habilidade de colocar as palavras juntas é do bicho. A habilidade de juntar as palavras e transcender os seus sentidos, que é a poesia, é da alma.

A nossa luz está na alma e na inteligência profundamente dedutiva, inspiradora, criativa, renovadora. Essas são funções da nossa mente espiritual. O resto é nosso bicho que dá base para que isso seja feito. Você bicho aprende a tocar piano, tem ouvido, tem boa mão, treina e se habilita a compor uma música, isto é, a botar a alma na música, se comover e transcender a própria melodia. Na composição, trabalham sempre os dois juntos: bicho e alma. Aliás, para que o trabalho saia a contento, os dois precisam estar sempre juntos.

Quando a criança é criada por pessoas muito autoritárias, repressivas que determinam condições que ferem o comportamento natural do desenvolvimento dela, fatalmente vai se bloquear. Ela vai criar o próprio recalque e desenvolver a morbidez mental, quando a criança começa a chorar à noite, o chamado terror noturno.

Como isso teve início? A mãe, o pai, ou os dois juntos não entendem porque a criança é tão ativa e não sabem como lidar com isso. O que eles fazem? Castram, botando medo, castigando, batendo, e a energia presa vai sair à noite, deformada, psicopatologicamente. É o terror noturno.

Educar não é castrar, mas orientar. Se a criança tem muita energia é preciso botá-la para realizar atividades manuais ou físicas, para fazer trabalhos que ela goste e tire algo proveitoso daquilo. Ponha-a para jogar futebol, fazer algum esporte coletivo, aprender um instrumento, nadar para direcionar toda essa energia e desenvolver a motricidade, a esperteza, o relacionamento social.

Quando o assunto é mulher, pode ser até pior. Ela 'tem que' ser feminina. Não pode se comportar assim, assado. Já é uma molecona, peralta, ficou menstruada e os pais, na sua ignorância, punem achando que ela tem que se comportar de outra forma que não a dela para se dar bem socialmente. Não dá outra. Os hormônios se desregulam, desenvolve fobias, tem TPM, vai ter problema no parto e muitos outros incômodos comuns às mulheres.

Não é que aquele jeitão sapeca não precise de orientação. Coloque-a para lidar com os outros, já que é desinibida e seu tipo tem essa facilidade. Sem a castração, fatalmente vai se tornar uma mulher muito bem articulada e se dar muito bem em qualquer trabalho que venha a exercer profissionalmente, bem como nos relacionamentos sociais e afetivos.

Pode verificar a vida infantojuvenil dos bandidos, dos psicopatas, dos assassinos se o temperamento deles não foi deformado? Era surra e mais surra e, quanto mais apanhava, mais se revoltava e mais aprontava. Era uma bola de neve. Se os pais tivessem um pouco mais de lucidez agiriam da seguinte forma: "Ah, ele é bruto, então vou lhe dar um trabalho bruto". Na minha época, nos punham na enxada para capinar.

Não precisa bater. "Você não é machão? Carregue isso; lace aquele bezerro; pegue aquele frango para matar". Precisa dar à criança, ao menino, um trabalho bruto para educar a força dele. Enquanto estiver fazendo tarefas, está se tornando habilidoso com aquela capacidade dele e passa até gostar daquilo.

É preciso ensinar, orientar e não bater, porque a dor do apanhar é mínima perto do psíquico que vem com o tapa. É esse psicológico que deforma o temperamento. "Ah, porque ele é muito mandão". Ótimo. É muito bom ser mandão. "Então, vem cá filho que vou te ensinar a mandar, mas antes de mandar você precisa saber fazer". Aquilo o acalma, porque ele tem o temperamento de mandão.

A orientação tem que ser de forma produtiva. Ele já tem aquele *feeling* que, quando o pai estiver falando alguma coisa que não lhe faça sentido, ele vai fazer do jeito que quiser porque ele é dono de si.

A pessoa que tem o temperamento de mandar, de liderar, não tem jeito. Pode matar que só vai ser empregado de alguém se ela quiser aprender alguma coisa, porque ela é determinada. Ela diz: "Eu vou pra lá porque vou aprender rápido". Larga aquilo logo e vai fazer o dela, do jeito dela.

Quando chego aqui, eu respeito o temperamento do meu menino e ele respeita o meu. Os dois têm que ficar confortáveis um com o outro. Se precisar fazer alguma concessão por uma das partes, a gente faz em prol do trabalho que queremos realizar.

É uma sociedade, concorda? Eu o considero e ele me considera e o trabalho flui. Esse acordo mútuo não chega a violar nosso temperamento. Nem precisa porque ele tem bom senso de humor e eu também tenho. Mas ainda acho que sou um pouco mais terrível e ele entra na brincadeira. Com o Calunga acontece a mesma coisa. Aliás, é até mais fácil, porque o Calunga é muito alma e, além do mais, eu não tenho essa disponibilidade de luz como ele tem.

Se o menino não tivesse o bicho esperto demais, habilidoso demais no manejo das mãos, ele não faria pintura mediúnica. Ele já foi bailarino em outras vidas e até hoje ele gosta disso e, sendo bailarino, mexe muito com o corpo. Como tudo é corpo facilita também esse trabalho de pintura mediúnica. É o bicho dele que faz a pintura. Ele larga e o bicho faz, aproveitando a habilidade desenvolvida.

Tudo é habilidade, inclusive a mediunidade. Mediunidade em todos os graus de sensibilidade paranormal. Quando a pessoa tem aquele dom, ela, sozinha, é capaz de se concentrar e usá-la em benefício próprio.

A mediunidade precisa de uma agente astral. O menino tem essas habilidades de pegar as ideias e utilizá-las, porém, se não tiver o pintor no astral, porque ele não é pintor, não vai conseguir pintar, mas tem habilidades, pois não só dançava como trabalhava com arquitetura, escultura, com gesso e tudo isso favoreceu sua mediunidade.

Então, obviamente, tem essas qualidades porque já trabalhou com isso em outras vidas. Todavia, ele não tem um gênio na área da pintura como tem Michelangelo, por exemplo. Digo 'tem', porque Michelangelo continua pintando.

A mediunidade está relacionada diretamente com o temperamento. Não tem dois médiuns iguais. Ha médiuns que podem fazer e médiuns que não podem fazer mecanicamente. Ele pode fazer o trabalho mecânico. O bicho dele aprende em um décimo de segundo e repete mil vezes se precisar, qualquer trabalho manual.

Sua habilidade é tamanha que, num dia, ele chegou perto da sua mãe, que estava fazendo crochê — eu conheço a vida dele — ficou reparando, pegou a agulha e dali uns minutos estava fazendo igual. Fez uma ou outra perguntinha. "Menino, como você é danado!", disse a mãe, surpresa. Ele nem precisa olhar. Só de ficar perto já pega aquilo. Um bicho pega do outro como se fosse por osmose. É um atributo da mediunidade.

Todo mundo tem essa capacidade de aprender com a convivência. Não precisa vir de outras vidas, embora ela se desenvolva com a vivência. A pessoa adota um filho, se dá muito bem com ele que vai crescendo ao seu lado, daí a pouco está pegando as coisas dela. O povo diz: "Nossa! Como pode? É a sua cara".

Não tem genética. É o bicho que quer copiar. De tanto você conviver com médiuns, acaba virando médium. De tanto a pessoa conviver com músicos, acaba virando músico. A história está cheia desses exemplos. Demonstrou interesse, o bicho vai atrás.

Você muda para uma cultura totalmente diferente, no começo estranha a comida, mas rapidamente começa a gostar, não porque alguém ensinou, mas pelo fato de estar convivendo. Como é o caso do filho adotivo. Ele fica ao lado da mãe, vai vendo, convivendo, associando as coisas, os sons e de repente está repetindo, falando sem ninguém ensinar, a menos que ele pergunte.

Há quem já aprendeu em outras vidas e, sem ninguém ensinar, tem uma percepção do passado, como é o caso da criança prodígio que, com cinco anos, senta no piano e toca. Só escutando ela reproduziu o som porque já tem a habilidade do bicho. Pode até ser que nem se interesse por aquilo. A irmã se mata para aprender, fica deslumbrada, mas ele não quer saber de nada. Não quer mais se envolver com o que fez tanto no passado que, provavelmente, deixou-lhe alguma marca por ter sofrido muito.

O temperamento apresenta características que foram desenvolvidas no passado, em vida física ou em vida astral. Porque as pessoas também se desenvolvem no astral. Aliás, lá a vida é mais rica do que na Terra.

Muitas coisas você aprendeu no astral, por isso às vezes quer sair voando. Meu menino voa. Ninguém o pega no chão quando ele está no astral. Acontece, de vez em quando, que ele quer sair voando. Num lapso de segundo, de sensação, ele confunde a vida astral com a física.

É por esse motivo que ele acha que tudo tem que ser feito muito rápido. "Ah, tem que ir até lá? Meu Deus, vai demorar muito, a distância é angustiante". É coisa de temperamento que foi conquistada, só que ele não pode, aí tem o corpo físico que se expressa diferente. Obviamente, ele vai ter que se sujeitar ao que todo mundo se sujeita, quando está reencarnado.

Há temperamentos mais lentos para atividades mais lentas e temperamentos mais acelerados para atividades mais rápidas. Isso tem a ver com vidas passadas, em que mundo a pessoa reencarnou. Se você já reencarnou no mundo mais acelerado, como meu menino, quer tudo muito rápido.

A Terra tem três dimensões físicas. Uma em que a evolução ocorre muito lentamente, uma intermediária, que é a que habitamos, e outra acelerada onde vibram seres mais evoluídos, e onde tudo acontece muito rápido. Cada dimensão tem seus astrais correspondentes.

Se um ser da Terra acelerada resolve espontaneamente reencarnar na nossa dimensão, para desenvolver algo que ele considere necessário para sua evolução, ou a própria evolução do planeta, fatalmente será um líder, alguém que terá um domínio muito grande sobre os daqui e exercerá forte influência nas transformações daquela área que resolver explorar, tanto espiritual como filosófica ou tecnológica, científica, médica etc. O mesmo ocorre quando alguém daqui queira reencarnar na Terra mais lenta. É mais difícil viver aqui para aqueles que vem do mundo mais adiantado.

Tudo é coisa do bicho, tanto faz se você está aqui, no astral, em outros planetas ou em outras dimensões. Onde quer que você esteja, estará com o espírito e, no processo evolutivo, você vai aprendendo com o bicho e ele, aprendendo com você.

Uma pessoa acelerada vai ter que aprender a se acomodar às condições atuais sem macular sua própria velocidade, então vai pegar coisas que se façam mais rápido. Claro que é um choque quando chega aqui e demora um pouco para se adaptar, da mesma forma que os que chegam do mundo mais lento. Quem está no mais lento sempre vai evoluir para o mediano para depois ir para o mais rápido, porque o choque da desadaptação machuca, provoca dislexia, autismo e uma série de outros transtornos.

Mas, isso só ocorre quando é preciso que ele se reeduque em algumas coisas, pois tem muitas questões por trás que são resolvidas no processo de reencarnação. O bicho bem tratado se molda.

Por exemplo, você pode gostar muito de falar e pode aprender muita coisa inteligente para se comunicar, pode brincar com isso de uma maneira. Essa parte da educação com certas características não se refere ao temperamento, ao bicho, mas à personalidade, que é a capacidade dele de criar posturas para se adaptar e lidar com as mais diversas situações.

O bicho encarna, desencarna, vai para o astral e reencarna. Você está sempre dentro dele, seguindo o trajeto dele. Nesse particular, ele escolhe o corpo, escolhe tudo, faz novas personalidades.

Quando você está muito preso e está restringindo o potencial dele, ele desencarna e reencarna para você deixar uma força e pegar outra. Quando ficar monótono, que não for mais interessante, ele o tira daí e vai para o astral, para um ambiente diferente onde você vai se renovar.

De tempos em tempos, há coisas que ele não tolera mais, porque anda com a evolução. Tem horas que ele muda a comida, os gostos, os lugares. De acordo com a sua presença dentro dele, você cria emoções e condicionamentos dele.

A pessoa é muito rígida, muito vaidosa, preconceituosa, foi a vida inteira assim, ele não consegue se prender demais nesse temperamento, encheu a paciência. Sabe o que ele faz? Coloca a pessoa em uma cadeira de rodas ou desenvolve esclerose. Como esclerosada, vai perder o controle e ela vai fazer o que ele quiser, até andar pelada na rua se for preciso.

O que é isso? A pessoa e as condições dela. "Não, porque eu tenho que fazer assim que é meu dever". Ela está se torturando, se machucando. Chega uma hora que ele reage com a condição dela. Bicho empaca que nem mula. Bicho maltratado é perigoso. Qualquer animal maltratado se torna perigoso. O cachorro é uma gracinha, mas maltratado, fica feroz.

Portanto, a gente deve educar e não castrar. As pessoas veem o espírito reencarnado na criança como se fosse uma coisinha nova que não sabe nada, mas está longe de ser assim. Em nome de uma boa educação, em vez de propor alternativas, intimidam-na com ameaças. Quando você dá uma alternativa do tipo: isso não pode, faça assim,

211

a criança aprende e a energia flui e ela desenvolve suas responsabilidades.

A mulher que tem dois ou três filhos crescidinhos, já pode mandar a empregada embora e pô-los para fazer serviço de casa. Como é que esses bichos vão desenvolver suas habilidades se ficarem brincando o tempo todo? "Ah, mas eles precisam ter infância", muitos dizem.

Mas, para que brincar tanto? Para que ficar tanto tempo no celular ou no computador? Por que não podem ajudar? Por que não aprendem a arrumar a cama, a varrer a cozinhar? Não passam o ferro, não costuram um botão, não lavam uma roupa, uma louça, não limpam mais banheiro como antigamente. Como essas crianças vão crescer, todas mimadas, sem habilidade nenhuma para enfrentar a vida? A tendência é desenvolver a preguiça, alguma espécie de morbidez, algum problema de saúde, a começar pela obesidade.

O espírito da criança quer fazer alguma coisa, mas, em geral, os mais velhos atrapalham, tirando dela o que há de mais precioso, o desenvolvimento de suas habilidades. O que mais a criança quer é aprender tudo, ser autossuficiente o mais rápido possível.

O espírito não aguenta muito ser confinado num corpo infantil. Ele quer crescer logo para ser independente, ou seja, reconquistar o que é dele. Pode dar beijinho, pode dar doce, pode querer bem, mas isso é bem diferente de mimar, desde que a ensine a ter responsabilidades.

Quem é você no seu temperamento? Defina para si suas características. Como você era quando criança? O que você naturalmente fazia? Quais eram suas manias e esquisitices? Se não se lembra, pergunte a um de seus pais. O que você guardou com a implicância dos outros? Quando você mudou? Por que mudou? Quando começou a ser mimado? E hoje, você está em dia com seu bicho? Você está realmente de bem com ele ou está frustrando-o, deixando-o doente, maltratado, triste? Se seu bicho estiver triste você está perdido. Já foi dito que bicho nessas condições fica zangado e vira uma fera, e vai atacar você com os mais variados tipos de doença.

O bicho gosta de disciplina. Disciplina é bom, regra não. O ser humano não deve funcionar por regras, mas pelo bom senso da alma. A criança aceita ser disciplinada. O que ela não aceita é esse monte de regras antinaturais impostas. Hora de comer é hora de comer. Hora de brincar é hora de brincar e hora de fazer serviço é hora de trabalhar. Com o tempo a criança começa a fazer tudo isso naturalmente, sem reclamar.

Quem vai reclamar? Aqueles que cresceram sem essa disciplina e de repente a mãe, que já não aguenta mais, procura discipliná-los agora. Disciplina não machuca; regras, sim.

Por conta disso, as religiões são castradoras. Estão cheias de regras. Muitos vão à igreja mais por causa do medo da punição divina que pela alegria de entrar em contato com o espiritual. A disciplina de ir a uma missa, a um culto é uma coisa boa e todos gostam.

Não por acaso a incidência de câncer de mama e de útero é muito alta entre as mulheres. Os homens também com seus problemas de próstata. Foram tão castrados na sexualidade que agora está dando nisso.

Outra coisa, as mulheres de antigamente eram abnegadas. A orientação de como uma mulher deveria ser era de abnegação. Há uma verdade sobre o temperamento feminino de abnegação. A gravidez tem uma série de implicações que a predispõe a doar-se.

Depois do nascimento do bebê vem a amamentação e todos os cuidados necessários para o seu bom crescimento. O colo materno, o amor, o carinho e a ternura no início são fundamentais para que o bebê cresça num ambiente saudável. Todo o mundo animal funciona assim. O bom senso manda ser dessa forma.

Ocorre que muitas mulheres quiseram ficar modernas e achar que contradizer isso é uma evolução feminina. E não tem nada a ver a mulher reivindicar seus direitos com a manutenção do seu temperamento de abnegação. Claro que não precisa ser passiva, submissa, boba, a carga de tudo, a utilidade doméstica, mas o instinto materno não pode ser bloqueado, castrado.

A mulher que tem essa abnegação como temperamento e se magoa, começa a se castrar, a ficar durona, ressentida com isso ou com aquilo, e esse conflito somatiza como câncer nos órgãos femininos. É a tristeza do bicho dela que provoca isso. Ela tem uma dose de abnegação e não se abnega nem para o cachorro, nem para a plantinha, nem para o peixinho, e cadê a ternura? Está emperrada em algum canto.

A energia do bicho, que não flui, se estanca e provoca doença. Às vezes, ela até se doava, mas depois, por algum motivo, se ofende, se magoa, "me doei, me doei e as pessoas não reconhecem", perde aquilo e se machuca. Ora, ela se doou porque a deixava feliz. Já não bastava? Para que procurar o reconhecimento dos outros?

Você pode ser moderna e precisa, sim, reivindicar todos os seus direitos, mas não pode, de maneira nenhuma, incluir sua dose de abnegação como moeda de troca. Sua feminilidade não pode entrar no jogo e no discurso de certas feministas radicais. Seu instinto materno precisa ser preservado para que seu bicho ande alegre e a energia terna flua com naturalidade, evitando uma série de doenças.

Seguir seu instinto materno não tem nada a ver com submissão, com assumir a família, ser a dona do lar. Tem a ver com seu temperamento que lhe traz satisfação e realização como mãe, que é uma bênção e uma experiência extraordinária.

11

ENTRANDO EM CONTATO COM SEU BICHO

Para podermos cultuar melhor nossas forças anímicas, que precisam de prática, é preciso entender algumas coisas. Quando estamos muito habituados só com a vida mental da própria educação, vamos perdendo contato com o bicho, com os nossos instintos e isso tem uma consequência muito grave, muito desastrosa, que é a perda do nosso faro para tudo. Tudo precisa de um faro, tudo precisa de uma antena, de uma esperteza, de uma percepção além dos cinco sentidos.

Nossa inteligência animal é a dona desse instinto, desse faro que pode perceber onde os cinco sentidos não podem, onde os sentidos não chegam. Quanto mais estivermos possuídos pela cabeça mal--educada, cheia de valores que vêm de fora para dentro, do que o povo diz, do o que o povo crê que isto é certo e que aquilo é errado, o que acontece? Vamos perdendo nossos roteiros, porque o bicho em nós é um sentido.

Onde está aquilo que você precisa, mas não vê? É ele que vai buscar, é ele que vai encontrar. "Ah, eu preciso muito trabalhar, num trabalho que dê certo". Onde está esse trabalho? Ninguém vai saber através dos cinco sentidos. Você pode mandar seu currículo, fazer entrevista, vai para cá e para lá, pelejar na coisa e nunca vai conseguir achar.

É o bicho que o induz, que o inspira: "Olhe, faça assim, vai lá e fala com tal pessoa". Dá aquela vontade que vem de baixo para cima e você: "Só estou procurando trabalho, assim, assim". Aparece um amigo e diz: "Lá onde eu trabalho estão precisando de gente". E dá tudo certo.

São essas coisas que a pessoa acha que foi Deus. Bom, Deus é tudo, mas, na verdade, foi o trabalho do seu sexto sentido que o induziu àquilo. Todavia, nada pode lhe assegurar porque a decisão sempre vem de você que tem o poder da escolha.

O encaminhamento e a materialização são funções da inteligência animal, do bicho. É ele que diz: "Não coma porque essa comida está estragada", ou "Vamos dormir um pouco mais hoje". Enquanto ele está cuidando da dor do corpo, também pode cuidar de outras coisas, pois dentro da sua linha está tudo que diz respeito ao ambiente, que é uma extensão sua. Então, sua prosperidade profissional depende dele. Ele sabe da importância do trabalho e que é o trabalho que lhe traz o dinheiro.

Não pense que você vai conseguir alguma coisa na vida sem a interferência dele. Por exemplo, você está lá fazendo um teste, um concurso e ele está junto. Se você sair da ansiedade, relaxar, vai se lembrar de coisas que nem imagina. "Ah, acho que errei aquela questão". E depois viu que estava certo. Por quê? Porque você estava de bem com ele. Se estiver de bem com seu bicho, ele trabalhará sempre a seu favor.

E o que é estar de bem? É confiar nele, é seguir sua individualidade, sua natureza, seus instintos. Agora, se não estiver bem, o bicho vai pegar, literalmente, e você acaba num hospital.

Melhor, portanto, despertar imediatamente para essa coisa que é sua. Sempre foi e sempre será. Você precisa ser dependente dessa inteligência. Seus limites dizem respeito ao que você crê. Se não crê, para ele é como um não.

"Eu acredito que tem um lugar bom para eu trabalhar, onde vou ser útil e me dar muito bem lá, porque alguém precisa de mim e do meu serviço". Ele vai seguir sua crença. "Meu Deus! O que é que eu vou fazer?". Ele pode lhe dar uma ideia: "Faz isso, faz aquilo". Ele dá a ideia porque sabe das suas habilidades. Ele usa a luz para indicar o caminho, pois tanto sombra quanto luz são atributos do espírito e ambas estão em constante comunicação.

Na afetividade ele faz você se aproximar de alguém, de acordo com suas crenças nessa área. Sexo é com ele, ternura é com ele, amor que vem da alma é com ele para pôr em prática, e facilitar a aproximação correspondente. Os rolos e neuras são da cabeça, mas ele age pela inteligência e não pode ir além da sua vontade e das suas crenças porque quem comanda a cabeça é você.

É ele que facilita a gravidez, o nascimento e tantos outros fatores que compõem a vida humana. O que ocorre é que as pessoas perdem o roteiro natural e ficam confusas com as crenças, com o que dizem, com o que a medicina diz, com o que as pessoas falam, porque foram educadas dessa maneira, desde a infância, por pessoas que não sabem como orientar para seguirem essa inteligência.

E o que acontece? Castram, e a pessoa castrada perde sua identidade, sendo moldada pela sociedade, pelo país, pela família, pela religião e até pela escola.

Todos trabalham pelo de fora e não pelo de dentro e, quando se corta o de dentro, ficam à mercê do de fora e vão fazer o que os outros lhes disserem. Vão acreditar no estabelecido, sempre contando muito com os outros.

Todo sofrimento vem daí, pois o de dentro está deficiente. Vêm as decepções, as desilusões, os desapontamentos, as frustrações, as desconfianças, as revoltas. É óbvio! Vão confiar no que não se controla? Nada mais justo, já que são dependentes e controladas pelo ambiente.

O que é pior, passam a agir, a crer que não são boas o suficiente. Nesse arranjo, aprendem que com elas é 'não', que a vida é perigosa e que se elas se escutarem vão ficar loucas e sofrerem todas essas besteiras que os pais falaram. Acabam não só se reprimido como desacreditando da vida.

É claro que vão sofrer, ser enganadas, maltratadas, traídas, magoadas, machucadas, com carência de tudo. Perderam o bicho e não escutam mais o que traz o roteiro e a força que dá suporte para viverem num mundo em que as coisas invisíveis são mais importantes.

Quem já experienciou e viveu bastante, sabe que não é bem assim e que por trás há outros fatores mais importantes. Precisou quebrar a cara para aprender. Se aprendeu, muito bem.

A maioria, mesmo com todo esse sofrimento, não desperta. O que eu pretendo ensinar é exatamente para você acordar e evitar passar pelas mesmas experiências dolorosas. Perceba quantas pessoas, depois de certa idade, ainda estão no sofrimento, cheias de doenças e, pior, hospitalizadas.

"Ah, eu não posso ser eu mesmo porque ninguém vai me aceitar do jeito que eu sou". Dançou, meu caro, porque não há nada que mais magoe seu bicho que esse tipo de postura, ou seja, reprimir sua individualidade.

É sua crença; sua crença é sua lei e seu bicho é obrigado a seguir sua lei. Simples e justo. Acorde o quanto antes para esse tesouro que está dentro de você e foi escondido, enterrado, ignorado, sob pena de colocar você na cama de um hospital.

Se você quiser dar um jeito na sua vida, tem que começar a se voltar para o corpo. É uma coisa do recuperar a consciência dele, do contato, do diálogo, da amizade com ele. Isso significa recuperar uma série de poderes que hoje não estão sendo utilizados, apesar de estarem à sua disposição, porque você não está consciente deles. Para voltar a ter o que é seu, por direito, você precisa voltar a atenção para seu corpo, que é o próprio bicho.

Para isso, vou passar um exercício básico para você recuperar o contato com seu bicho, dessa inteligência anímica e animal, cultuada há muitos séculos como o animal, principalmente no xamanismo.

Assim como os deuses egípcios eram meio gente e meio bicho, nós vamos também utilizar os bichos para essa prática. Claro que seu bicho não é um elefante, uma onça, um jacaré, uma cobra. Como explicado na introdução deste livro, o bicho é você. E, na forma de um bicho, a mente processa uma imagem com qual você se relaciona, porque a mente não consegue se fixar em algo abstrato, em algo que não tenha forma.

Quem vai escolher essa imagem é ele e não você. Não vou fazer aqui a análise de todos os bichos porque pode variar de pessoa para pessoa. O que o leão significa para você pode não significar para o outro, e o animal pode mudar quando quiser.

Às vezes, podem surgir dois ou três diferentes porque isso é uma das capacidades de o bicho representar suas habilidades. Dependendo da situação, como esteja se sentindo, você pode chamá-lo e ele pode vir de uma forma qualquer. No começo, ele pode ficar tão encantado porque você voltou para ele, que procura permanecer da mesma forma, mas não necessariamente sempre será assim.

Como é que se faz isso? A primeira coisa que precisa fazer é fechar os olhos e perguntar para o corpo. Não é perguntar na cabeça. É perguntar para a carne que sente: "Bicho se apresente de alguma forma para mim".

Seu corpo vai sentir ser um lobo, uma águia, uma onça. Tome para si como seu bicho, seu animal de força, seu deus interior o que vier primeiro. Você não pode descartar porque não gostou daquele animal. Tem que pegar o primeiro, mesmo que seja uma galinha ou um inseto. Tanto faz.

Não é a forma que é importante, mas o que aquilo representa. "Ah, eu quero uma pantera linda

223

com olhos de fogo. Não quero esse mosquito". Isso já é coisa da cabeça, do ego.

No entanto, tem gente que não consegue. Por quê? Porque não consegue olhar para seu corpo. Está tão amedrontada com as situações e problemas que foge constantemente delas. Não liga mais. É porque quero, porque quero, como quero, como não quero, pensa, pensa até morrer. Não sabe mais direito o gosto da comida, não sente mais quando vê algo, não sente mais o carinho, as carícias, de tanto ficar na cabeça, pensando. O bicho se esconde ou, pior, fica zangado, procurando chamar a atenção, através das dores físicas.

Se você estiver disposto a me seguir, não é difícil de fazer. Volte para as carnes e diga no tubo: "Eu sei que estou muito na cabeça, que eu penso, penso, penso na cabeça. Sei que o tenho desprezado, mas estou lendo este livro com a intenção de voltar para você, bicho. Eu sei que me perdi, mas minha intenção agora é voltar a ter este contato porque sei que você está aqui. Sei que é uma parte importante minha e eu quero mesmo. Então, por favor, me atenda".

Devido à sua atenção e consideração, ele reage na hora, mesmo porque é o maior interessado em atendê-lo. Ele não vai ficar se fazendo de difícil. Ele sempre vem, nem que venha bravo, mas vem. Se aparecer de um jeito que não quer saber, olhando para o lado, ou de costas, ou de cara feia é porque você está com uma séria dívida com ele.

Ainda bem que você chegou na hora certa, porque daí para frente ele iria deixá-lo doente. É claro. Todo animal machucado grita. Se eu começar a cutucar seu corpo tem uma hora que você vai ficar bravo comigo e gritar, não é? É uma sensação de raiva natural e o grito é de defesa.

Se ele estiver assim, diga: "Olhe meu bicho, eu não tinha muita consciência. Você me desculpe, mas eu estou explicando. Faça-me sentir o que estou fazendo contra você que eu quero parar. Eu quero paz aqui dentro, eu quero harmonia, eu quero saúde, eu quero equilíbrio para chegar nas coisas que preciso e que você me mostre".

Quanto mais você prestar atenção na imagem dele, mais claro vai ficando e mais ele escuta você. Ele não mexe a boca, não faz nada, mas chega em você de lá do fundo do inconsciente, por dentro, vai pegando na consciência e se torna claro. Este exercício não só o resgata, como começa a estabelecer um diálogo. Com o tempo, fica simples e até rotineiro.

Não importa que bicho é. Não fique se perdendo com detalhes porque a cabeça já vai querer se intrometer. O detalhe não é importante. O que interessa é que você agora tem um canal de comunicação com ele. Quando quiser falar com ele já pense na forma: "Oi cachorro, fale comigo. Estou precisando disso, disso". Simples.

Outro ponto. Ao falar com ele, seja como for, assim como Deus não é uma pessoa, o bicho não é gente. Faz parte da gente. Por isso ele não dialoga como estou dialogando agora com você. O instinto funciona diferente do raciocínio. Tem uma inteligência, mas não funciona igual.

Não queira que ele saia conversando com você. Você conversa com ele, mas ele não responde conversando. Ele tem duas formas mais comuns de encarar essa relação. Ele lhe dá uma sensação no corpo.

As doenças são sensações, são as queixas do que está errado; ou dá uma sensação mental: "Aonde é que eu vou?". Daí a pouco vem tipo um estalo: "Plin! Que gostoso lá". Você já teve isso muitas vezes. Foi seu bicho que respondeu.

"Ah, eu quero viajar, mas para onde será que eu vou? Eu vou para Paris, mas Paris, não sei. Acho que vou para o Amazonas porque nunca estive lá". E você sente aquela sensação gostosa e confortante e já vai pesquisar no computador as condições da viagem, já vai mandar mensagem convidando os amigos para viajar junto. E pode ver que geralmente eles aceitam até com entusiasmo. Sabe por quê? Porque a comunicação entre os bichos é instantânea e todos já estavam interessados naquilo.

Não falei que é uma inteligência que está muito além da razão? Você precisa começar a explorar isso com seriedade. Aposto que sua vida vai mudar radicalmente. Confie. Quanto mais você confiar nessa coisa espetacular, mais ela se firma na sua vida, ou melhor, no seu corpo.

Sabe como se chama isso? Poder. "Ah, é isso?" É, meu filho. Bem-vindo ao poder, o poder interior que você sempre ouviu dizer, mas que nunca soube como acessar porque lhe parecia abstrato e distante. Quer mais uma surpresa? É simplesmente o poder divino que Deus lhe deu quando o fez à Sua imagem e semelhança.

Mais outro exemplo comum de como o bicho conversa com você. Quando uma pessoa chega perto, começa a bater papo e de repente dá aquele negócio: "Cuidado com essa pessoa que não é de confiança. É falsa e interesseira". Ou, acontece o contrário: "Que pessoa sensacional! Como é boa a companhia dela!".

Quantas vezes você não sentiu isso? Perceba como já ouviu seu bicho e nunca imaginou que fosse ele. Esse fenômeno foi mental? Não, foi sensório. Porque a sombra sensória conversa através das sensações.

Com relação à pessoa que você não se sentiu bem, se ficar quieto e escutá-lo, o bicho vai contar toda a verdade daquela pessoa. Aí, a cabeça que acredita diferente, pode interferir: "Não é bem assim, porque ela é uma pessoa boa, é minha tia, meu amigo, minha avó".

É nessa hora que você precisa aprender a seguir a sensação e deixar a razão. Não quer dizer que a pessoa não tenha suas virtudes, seu lado bom. Apenas que o bicho está mostrando o que você não via devido à moral que aprendeu. "Não, porque pai e mãe, irmão, amigo não aprontam". Claro que aprontam, como qualquer pessoa.

O bicho sabe que é mãe, que nasceu dela, que está muito ligado, mas sabe também que ela está mentindo, que está sendo falsa para ganhá-lo. Ele não tem moral. Ele fala a verdade. Por que fala a verdade? Porque trabalha com maestria a falsidade.

Sabe quando um ator está em cena no seu personagem? Quem é que está fazendo aquilo? O bicho. E quanto mais falso for, maior é o sucesso do ator. Por quê? Porque ele tem o controle da personalidade. O temperamento tem o poder de controlar a personalidade. Agora, se você insistir na personalidade, em desempenhar papéis, em detrimento ao seu temperamento, o bicho vai chiar e lhe provocar dor, pois o temperamento, a individualidade, é a coisa mais sagrada do ser humano.

A personalidade é extremamente plástica, moldável. Você pode tomar qualquer personalidade que queira montar, desde que seja para algo bom. É isso que o artista faz. Ele interpreta um papel, mas essa capacidade de misturar e dar vida para o personagem, que é o melhor do artista, quem consegue é o bicho dele que está usando aquilo para seu prazer e até para ganhar dinheiro. Não há uma intenção de mentir para se defender. Aliás, quanto melhor souber mentir, mais sucesso faz, não é assim com os artistas premiados?

Se você usa seu personagem, sua personalidade para se defender na sociedade, na família, na religião, não vai sair coisa boa dali, porque o bicho não tolera a falsidade, já que ele só trabalha com a verdade.

Às vezes é preciso vestir esse personagem para se defender. É a personalidade boa. Você quer matar o guarda que o multou, ou o policial que o pegou transgredindo a lei, mas em vez disso se faz de bonzinho, leva-o na conversa. É uma atitude mais inteligente do que despejar toda a raiva desgovernada para matá-lo e depois se arrepender da besteira que fez dentro de uma prisão, não é mesmo? Isso também é teatro.

O bicho é direto. Por isso, quando a gente faz a pergunta, ele responde por sensações. Fala também através dos sonhos, da intuição. 'Minha intuição diz que aquela pessoa é falsa". O outro diz: "Lá vem você com essa mania de intuição".

Não é não. É o bicho mostrando. Da mesma forma, quando um negócio é bom, é ele que vai lá buscar para você. "Ah, mas eu aluguei meu apartamento e o inquilino me deu calote". A culpa não é dele, mas da pessoa que acredita que tudo é contra, que sempre age na desconfiança.

Outra coisa, se alguém dá um calote, para o bicho é a lei: dar calote é um valor para ele, que não está nem aí com o certo, com o imoral. É claro que essa pessoa vai atrair caloteiros na sua vida.

A mesma coisa acontece com o falso, com o mentiroso, com o traidor. Assim, quando a pessoa faz com os outros, está ensinando seu bicho a fazer com ela. É óbvio que também funciona para o bem, já que o bicho não discerne o bem do mal. Pessoas éticas atraem pessoas éticas. Pessoas desonestas atraem pessoas desonestas. Nada mais justo.

Agora dá para entender por que esse povo educado no jeitinho brasileiro atrai tantos políticos corruptos? "Mas eu ajo honestamente e também atraio políticos corruptos?". Não há só políticos corruptos no Congresso. Há muitos bem intencionados, mas, infelizmente, ainda não são a maioria. Na Suécia são.

O que fazer, então? Já que você não pode interferir e, com razão, quer permanecer no Brasil, continue fazendo sua parte que, certamente, os atos

230

perniciosos desses políticos não vão influir na sua vida. Só os atos bons.

Há outro particular nesse assunto. Se você está muito ligado no seu bicho e deseja uma situação fácil, às vezes ele traz alguém que faça o negócio e que depois ache que você não foi justo. Você, por sua vez, ficou feliz porque levou muita vantagem. Nem você, nem seu bicho têm culpa. Foi o bicho da pessoa que o induziu àquilo devido às suas crenças. Você não o enganou. Ele aceitou as condições do negócio e está tudo certo. Você não tem culpa da ignorância do outro.

Do mesmo modo, o político corrupto não tem culpa do eleitor que vota sem consciência. Agora, se esse político sentir um pingo de culpa ou de medo, fatalmente vai arcar com as consequências. Não é que ele vai pagar. Apenas que seu bicho está correspondendo às suas crenças. Sua crença é sua lei. É justamente isso que está acontecendo atualmente no Brasil com a prisão de políticos.

E se fosse o oposto? O vendedor veio com a conversa dele, você entrou e depois não gostou e se arrependeu do que fez. Isso é um problema seu e não do vendedor. Toda dor vem da ignorância. Ele estava justamente no negócio dele.

Aliás, um bom vendedor se caracteriza pelo encantamento. Quem mandou você entrar no encanto dos outros? Tanto seu bicho como o do outro têm encanto que é uma das grandes habilidades dele. Como foi dito, bicho não tem moral. Quem tem moral e ética é a alma.

A alma não faz parte do bicho. Ele executa de acordo com seus padrões. Se a pessoa escolheu viver na desonestidade, vai conviver com pessoas desonestas, da mesma forma que honestos vão atrair honestos. Não é que as coisas voltam, e não tem nada a ver com castigo, pagamento, retorno. Apenas que o mecanismo é automático. Mais uma vez, sua crença é sua lei. Em outros termos, o que faço para o outro, o bicho entende que serve para mim, seja bom ou ruim, pois essa é minha crença.

Há uma série de fatos tão comuns no dia a dia que servem de exemplo sobre o que estou dizendo, como esses: já que o açúcar faz mal, ele vai deixá-lo diabético; já que o cigarro faz mal, ele vai produzir doenças; já que macarrão engorda, ele vai engordar.

O bicho não tem essa leitura, no entanto, ele tem a capacidade de entender que é você quem impõe o tamanho das coisas. Ele vai entender na medida que você quiser que ele entenda, então ele pega e faz.

Quantas pessoas não fumaram a vida toda e morreram com noventa, cem anos, mas não por causa do cigarro? Se fumar fizesse mal, faria para todos os fumantes. Oscar Niemeyer fumou até os cem anos e morreu lúcido, trabalhando, aos cento e quatro.

Quantas pessoas comem massa todo dia e não engordam um quilo sequer, sem mover um dedo para fazer exercício? Quantas pessoas comem tudo quanto é tipo de doce e o açúcar nunca lhes fez mal? Quantas pessoas comem churrasco e feijoada toda semana e seus índices de colesterol e triglicérides estão ótimos?

Os que acreditam que tudo isso faz mal — e faz para eles — e vivem no regime, dando duro nas academias para perder alguns gramas devido à culpa por ter exagerado na comida no fim de semana, morrem de ódio disso. É que o bicho segue o comando da cabeça de cada um. "Cada cabeça uma sentença", não diz o ditado?

"Ah, mas já nasceram obesos, com problemas de saúde". Eu já disse que nascimento e morte não contam nada, pois a vida é um processo contínuo. Esses já trazem as crenças de outras vidas. Seja aqui, seja no astral, a pessoa vai precisar mudar suas crenças a respeito.

Falta... é crer na falta. "Ah, falta isso, falta aquilo pra mim". Quem pensa dessa forma, sempre vai lhe faltar. Não se impressione com a realidade. A realidade já é a consequência. A causa é a impressão que você impõe ao bicho, mesmo que as aparências externas não mostrem o que você quer. Primeiro seja aí dentro para ter e não ter para se impressionar. Impressionar-se é firmar a crença, seja na falta, seja na abundância.

O bicho pode mostrar-lhe o que você acredita, mas por que ainda não está dando certo? O máximo que ele pode dar é uma impressão do seu pessimismo, das suas crenças e se você modificar essa situação, começando fazer afirmações melhores, positivas, fazendo um esforço de acreditar em outras coisas, ele muda e vai corresponder exatamente ao que você pôs de novo. Não vai ficar escolhendo porque quem escolhe é você. Ele não tem árbitro. O poder do arbítrio é seu.

Ele tem um sistema que funciona perfeitamente, e você vai seguir o esquema das capacidades dele. É extremamente regrado, por isso ele gosta de regras e de disciplina. Quanto mais disciplina, melhor ele fica e mais e melhor o atende.

Se você diz que quer ter o corpo em forma e faz os exercícios ele vai atender. "Hum, estou sentindo que está faltando um aparelho nesta academia para trabalhar essa parte do corpo". É ele que está querendo. É ele que se acostuma a comer em determinado horário, que tem hora para tomar banho, evacuar, dormir, transar.

Quem tem crença do tipo: "Ah, sabe o que eu acho? Acho que isso é certo, que aquilo é errado", isso não é crença, não é nada. Quem acha, não acredita. Achar é coisa da cabeça. A crença verdadeira pega no corpo. "Ah, a vida é difícil". Perceba como isso pega o emocional. Há um desconforto. Pega nas carnes. É que o bicho escutou. "Desse mal eu não morro. Isso não é meu e não vou ficar com isso". Diga isso com raiva, sentindo no corpo que seu bicho vai ouvir.

Não importa o que a cabeça pense. Importa o que você afirma, que toca o corpo inteiro, a menos que um pensamento contrário chegue e você lhe dê importância. Se você faz uma afirmação positiva e daí a pouco vem um sentimento ruim qualquer e você entra nele, vai anular o que acabou de fazer, porque o bicho sempre pega a sua última informação.

A vida inteira você teve uma crença que estava tudo bem, aí chega uma pessoa que seduz e começa a olhar de outro modo e você começa a descrer. Naquele instante ele já para de entender como antes.

Da mesma forma vale para o oposto. A vida inteira você foi negativo, lê um livro e você sente que aquilo bateu de cheio a ponto de ficar feliz: "Nossa! Como isso faz sentido!". Seu bicho vai pegar essa nova crença e começar a descartar os pontos de vista anteriores.

Portanto, firmar com o corpo inteiro, falar para dentro do tubo, falar para as carnes, é a técnica mais eficiente para convencer seu bicho e isso até uma criança faz. O importante é selecionar o que você vai afirmar.

"Ah, estou precisando de um emprego novo". Aí, vem a cabeça e diz: "Ih, é um saco trabalhar!". É essa última informação que passa a valer. Você falou tanto que era um saco trabalhar que, além de não arrumar um novo trabalho, vai perder o atual.

O bicho faz você perder o emprego para você ficar sem fazer nada. Daí, vai se queixar que tem consequências de ficar sem fazer nada, porque precisa comprar isso, comprar aquilo, pagar as contas. Ora, as crenças conflitantes anulam o que você está querendo. Seu bicho vai ficar confuso e procurar pôr em prática o resultado dessa confusão que, certamente, não será um novo emprego.

O bicho gosta de clareza, da disciplina, do objetivo, do direto. Ele não fica deduzindo, fazendo rodeios, duvidando, esperando que você se esclareça. Isso é coisa para a cabeça e não para ele.

Daqui para frente, adote esta postura interior e afirme: "Ah, nada, nada é duro para mim. Tem muitas portas para mim. O que tem de chances neste mundo! Tem é mais de um milhão, e a melhor vem para mim, a melhor para mim é sempre aquela que me traz o que eu preciso".

Afirme com o corpo inteiro vibrando. Na vibração o bicho percebe. Tome esta atitude e não pense mais, senão a cabeça, que está acostumada, começa a jogar a dúvida relembrando o passado. "Ah, o passado não me interessa mais porque virou ilusão e não está aqui". Comece a agir diferente que o bicho acata o diferente e começa a abrir os caminhos.

Muitas vezes você não sabe porque muda, e de repente começa a afirmar que as pessoas estão muito ruins, muito más e quando percebe já está na energia da maldade. Não caia mais nesse embuste.

Deixe as pessoas com as cabeças delas e fique na sua, porque é você que faz os pesos e as medidas. No mundo, o bem suplanta em muito a maldade, senão já teria sido destruído. Cabe tão somente a você sintonizar-se nesse bem e formar sua nova realidade baseada nesse bem. A maldade vai ficar só para quem fala e acredita nela, e nunca mais vai atingi-lo.

Quando você assistir a alguma reportagem em que a maioria se horroriza, se quiser continuar vendo, tudo bem, agora, o que conta é o emocional, o quanto de importância você dá para aquilo.

Veja com indiferença e desvalide:

— Isso é coisa da maioria, mas eu não sou a maioria, eu não vou com a maioria porque sei onde isso vai dar. Eu sou diferente e não caio mais nessa porque não sou bobo. Sou inteligente o suficiente pra perceber que tudo isso é bobagem.

A cabeça interfere, porque está habituada:

— Ah, e o povo que está sofrendo?

— E eu com o povo? Eu não sou do povo, eu sou meu. Cada um que se vire com seu poder. Graças a Deus eu não estou lá.

— Ah, mas você é egoísta.

— Sou sim, felizmente. Sou egoísta e altruísta quando eu quiser. Sou a ovelha negra, a diferente que se destaca dentre um milhão de ovelhas branquinhas submissas, porque só o diferente tem sucesso. Ou melhor, sou a ovelha negra e desgarrada, porque não pertenço mais à vala comum das ovelhas tangidas pelo pastor. Agora eu sou o meu pastor, porque tenho um bicho aqui que tem a sabedoria divina que me tange sempre para o melhor do melhor. Sempre.

Para terminar este capítulo, de nada vale toda essa teoria se você não a colocar em prática. Bicho é prática, é matéria, é corpo. A teoria só conta para professor que, aliás, já está pondo em prática ao dar suas aulas. A teoria é necessária para entender a prática. Entendimento, conhecimento é coisa da luz e não das sombras, das quais o bicho é o representante.

12

A MENTE OU CORPO MENTAL

A mente é uma estrutura anímica de inteligência pessoal. Ela é como o bicho, mas é bem particular. Além de ela ser a mensageira de todas as partes nossas, liga tudo com tudo, senão o eu consciente, que é dono da mente, que é um aparelho que manda no bicho, não poderia se comunicar com tudo, com a sombra e com a luz.

A mente também se liga com a alma e com o Eu superior. Não a tratamos como o bicho, mas como uma representação humana, como uma pessoa, como um escravo. Em algumas culturas até é representada como exu, porque exu é mensageiro. É ela que vai falar com tudo, com o invisível. Qualquer contato que você vai ter com seus bichos, com a sua alma, com o Deus interior, tem que ser feito através da mente.

Se a mente é o elemento de ligação, quando você dá a ordem, ela o atende e manda essa ordem para onde você mandar, mas, para escutá-la, o eu consciente precisa ficar calado. Você faz a pergunta e a resposta chega.

Ela é um órgão destinado para sempre obedecer, não só a você que tem o arbítrio, que é o dono da vontade, como aos bichos, à alma e ao Eu superior.

A essa questão do obedecer chamamos de ser impressionável. A qualidade de ser impressionável é a obediência dela. Se você diz 'não' é porque manda nela mais do que ninguém: "Não, você não me impressiona com isso", ela não se impressiona. "Grave isso". Ela grava. Tudo é você, que é o gerente e a mente obedece.

"Eu quero falar com Deus". Seja a pessoa que acha que Deus está fora, seja a que já sabe que o Deus está dentro de si, o Cristo, o Espírito Santo, não importa, ela põe em sintonia.

"Eu quero mandar um abraço cheio de amor para minha filha que está na Espanha". Ela sintoniza. Comunica-se com sua sensibilidade que faz a ligação. A ligação sempre é feita através da mente como aparelho obediente, com sua inteligência.

Nessa inteligência está a memória e acima de tudo a capacidade de transformar as sensações em símbolos, porque o eu consciente só consegue entender se houver um símbolo, uma forma. A sensação de amor ela transforma na palavra 'amor' em nossa língua. E faz também o contrário: transforma a palavra 'amor' na sensação de amor. "Mande amor para tal pessoa". Ela decodifica esta palavra, pega o sentimento e produz a substância que é a sensação, a energia. A palavra, em si, não é o amor. Ela apenas representa a sensação, a energia de amor que é a mente que faz.

Como e o que é a sensação? Coloque a mão numa pedra. Você vai dizer: "Isso é uma pedra". Em português, pedra, em inglês, *stone*. O símbolo pode mudar, mas a sensação, não.

Cada língua tem seu símbolo para representar a sensação de pedra. Falou pedra já vem a imagem. O tipo de pedra que vem à mente varia para cada um, mas vai ser sempre aquela um tipo de pedra. A palavra 'pedra' representa a sensação visual, olfativa, tátil, se é fria, se é áspera, se é lisa. Todas as sensações se juntam para formar aquele objeto.

A pedra, em si, é a sensação que você está tendo e isso é real. Nesse real, nesse conjunto com tais características, damos a ele um símbolo, no caso, 'pedra'.

Se falo "navio", você já faz a fotografia em sua mente, por conta do símbolo. Não é igual ao que eu tenho em minha mente, mas é uma coisa parecida. Você pensou em navio porque já viu um com todas aquelas formas e provavelmente já entrou ou viu um em fotografia ou filme. Não interessa.

Essa capacidade da mente de representar a realidade aqui dentro é uma das coisas mais incríveis que a gente tem, porque ela foi evoluindo e podemos mexer com as imagens, outro atributo dela. O bicho não mexe com a imagem. Ele tem o que tem, como foi explicado. Nós, não. Nós temos a imaginação, que é outra característica dela.

Você diz: vou pensar numa praia. Põe a areia, põe o mar, as ondas, um coqueiro, pessoas se banhando, o pôr do sol. Você vai compondo, imaginando. Quanto mais você entra na imagem que criou, mais vai passando para o corpo e o bicho vai causando sensações e mais sensações.

Trazendo para a vida prática, a pessoa dramática sofre porque ela imagina um cenário trágico, entra naquilo e acredita que é verdade. Em seguida, passa para o corpo e começa a sentir o drama que não existe na realidade, mas existe dentro dela. Como o bicho, a sombra do ambiente, não distingue o imaginário do real, vai criar o que a pessoa vestiu, o que a pessoa mandou. No meio disso tudo está a mente, e ela tem um departamento curioso, chamado subconsciente.

O subconsciente é um programa, um arquivo semelhante ao de um computador. Ele guarda tudo que é seu, a menos que você apague para jogar na lixeira o que não serve mais.

Quando o bicho não sabe o que fazer porque você não falou nada, não lhe deu comando, ele vai até o arquivo, abre uma pasta, pega e faz o que está lá. Não vai perguntar: escuta, você aí em cima, o que é que nós vamos fazer agora? Não. Ele vai pegar o que ainda está validado no arquivo que é real. O real é você quem faz.

Quando determinadas coisas começam a acontecer na sua vida, boas ou ruins, é porque você tem algo emergindo do subconsciente. Não tem nada da vontade de Deus. Querendo ou não, a vontade é sua.

A mente é extraordinária. Ela tem uma capacidade enorme de entrar em todas as suas partes e interligá-las. Tanto é que tem até uma estrutura corporal, o chamado corpo mental, mas, na verdade, é um campo, como um ovo que circunda, abraça você por inteiro, que pode usufruir de tudo. Se eu induzir você a pensar naquela praia, e pensar é movimentar, lá você estará. Porque pensar é mover a mente.

Pegue a imagem da praia. A visão, as ondas, o cheiro, enfim, o sentir de todo aquele ambiente, quanto mais foco, mais claro se torna a sensação de estar na praia e, de tão forte, você realmente começa a vivenciar tudo aquilo.

A mente pega e você diz: "Ah! Isso é minha memória". Não. A mente está lá. Vou dizer de novo. A mente está lá, a praia é real e você a sente real. Não há dimensão para ela. Tanto é que no astral, para quem já tem um certo traquejo, um controle mental mais apurado, a praia se materializa. Só não funciona na matéria instantaneamente devido à densidade que é muito maior que lá e porque aqui as pessoas não acreditam nesse poder.

A sua realidade está se materializando devido ao mesmo processo, só que num grau muito mais lento. A casa que você comprou se deu em decorrência dessa habilidade da mente. É que você acredita que para ter uma casa, primeiro precisa ter o dinheiro, depois comprar o terreno, contratar o engenheiro, os pedreiros e tudo isso leva tempo. Mas tudo passou pelo crivo da mente.

A qualidade de sua realidade está sendo elaborada da mesma forma. "Ah, então há a possibilidade da casa se materializar instantaneamente como no astral?" Teoricamente, sim. Mas de que tamanho é sua fé, seu poder de concentração, sua habilidade de transmutar a matéria? Jesus produziu milagres usando essa faculdade da mente, como a transformação da água em vinho.

A maioria das pessoas não tem um mínimo de controle mental e, ao chegarem no astral, ficam desorientadas. É que suas crenças e atitudes trazidas da vida na matéria vão prevalecer e formar um ambiente correspondente, ilusório, que não é a realidade do astral.

Perceba como a propriedade do nosso corpo é infinita. Não somos feitos à imagem e semelhança de Deus? Se eu digo 'estou em Deus' é porque sou Ele próprio tomando consciência de como Ele se expressa através da minha individualidade, que é única.

Daí que os dizeres "Deus no coração, Cristo em mim, sou o templo do Espírito Santo" são muito importantes. Significam que estou no sagrado, vibrando na faixa crística em que vibram os espíritos superiores. É nessa faixa que acontecem os milagres. Se sua fé, a sua visualização está clara, focada e concentrada, o que ocorre? Você vai estar lá. A cabeça nem sempre entende, fica na dúvida e nada acontece.

A mente é maleável, por esse motivo é treinável, educável, disciplinável e obediente. Por que a criança tem que ir à escola, tem que aprender, e a família tem que ensinar? Exatamente para educar a mente, pois uma mente mal-educada provoca uma realidade caótica, cheia de sofrimentos.

Alguém tem que ensiná-la porque, quando ela reencarna, é como pegar uma folha nova, abandonar o passado e voltar a se manifestar na matéria para reeducar a mente. E é por isso que a matéria é tão importante. Morreu, sai do corpo físico e pode ser que no astral ela não se ligue em tudo que tinha contato do passado, embora esteja lá.

Enquanto você está achando que é aquilo, aquilo você se torna. Eu me aproximo de você, que tem uma certa consciência e digo: "Olha, você desencarnou, está no astral e tal, e você aceita, tudo bem, normal. Venha conhecer como é a vida aqui. Você já sabe que é assim, assim. Vamos fechar os olhos e voltar ao que você era. Peça para seu corpo lhe mostrar".

No mesmo instante, você se recorda, começa a virar aquela pessoa que gostou muito de ter sido em outra vida e toma aquela forma. Isso é muito fácil de se fazer porque está lúcido. Está pegando sua última encarnação, ou a penúltima, ou outra que lhe tenha tocado, como se vestisse uma roupa, mais adequada para seus propósitos neste momento.

Nós criamos personalidades por meio da mente. Ela passa informações. O bicho trabalha e ela arquiva as estruturas que formam a personalidade no subconsciente. Como ela é obediente, permite que a personalidade possa ser mudada. Se você muda de país, experimenta uma fase dura, apanha um pouco para se adaptar, acaba mudando os conceitos de tudo, se rearranja numa nova personalidade e já não será mais a mesma pessoa.

Dessa forma, para se virar na sociedade, a personalidade está sempre mudando porque a mente é assim, altamente plástica, pois é toda obediência. Só que essa obediência tem que ser dominada por você, senão vai ser dominada pelos outros, pelo ambiente e por outras consciências.

É preciso chegar um dia que você não possa mais ser impressionado pelas coisas dos outros e pelos fatos do mundo. Tem que ter o domínio para a mente não se impressionar e fazer o que você quer, para coordenar o quer na vida, e imaginar qual realidade quer que seu bicho faça para viver.

Seu bicho tem a raiz, o temperamento. A personalidade é como se fosse a forma e o temperamento, a massa. A personalidade molda o temperamento. Se você tem um temperamento bem expressivo, pode fazer de tudo. Só depende de como vai formatar essa vontade para esse temperamento ser expressivo.

O que você vai fazer? "Ah, eu vou brincar, vou ser ator, vou ser político, vou ser médico". Assim, vai definindo seu mecanismo de expressão e ele vai se moldando conforme você vai evoluindo. O temperamento expressivo está igual. O que muda é a forma conforme sua mente aprendeu através de suas escolhas. A forma é sua escolha, a substância não.

Com a realidade é a mesma coisa. A realidade é uma substância. Ela não tem forma. É você com suas crenças que a molda e a muda. Perceba, então, essa extraordinária faculdade mental que você tem. A gente não a trata de bicho, embora

247

seja o bicho 'mais bicho' que existe, porque é por ela que vem tudo. Tem uma função que nenhuma outra coisa tem em nós.

Nós a tratamos de corpo mental que dá lhe a postura para entender o que você quer passar. Ela é anímica, está no subconsciente, no inconsciente e, se você mexer nela, vai puxar uma porção de coisas que estão lá aguardando para se expressar.

Só que a mente não é e nunca será criativa. Ela só repete. Se você enfiou algumas coisas aí dentro, ela vive repetindo. Ela repete sua voz, a voz do pai, a voz da mãe. É como um papagaio. Não promove a mudança, não faz a escolha, não mexe com a imaginação. Isso é papel do eu consciente.

Ela também pode se ligar com a alma, que é criativa. Ela não tem a propriedade de ter uma vontade própria porque é só obediência. É um computador onde se põe e tira informações. É puramente racional e concreta e, quanto mais for aparelhada por símbolos, quer dizer, por experiências com simbolizações, mais rica se torna. Assim, quanto mais você lê, quanto mais vê coisas, quanto mais se informa, quanto mais viaja, mais ela se enriquece em vocabulário e mais seu espírito se expressa através de si.

A mente não aprende a fazer as coisas. Quem aprende é o bicho. O professor diz: "Faça assim, desse jeito". Você começa a fazer o que ele mandou.

248

Não pode deixar a mente entrar no processo. Ela tem que ficar quieta, senão você acaba se dispersando e perde o foco, a atenção.

O que é calar a mente? É focar naquilo, prestar atenção, que é função do eu consciente. O eu consciente se concentra, aumentando o contato com a tarefa. Se deixar a mente interferir, vai perder a clareza, deixar nublado e o trabalho sai malfeito. Para ter total clareza é preciso parar a mente e se concentrar. Se eu der um número de telefone para você guardar, se você não se concentrar, vai esquecer em seguida.

Em um concerto, um pianista que não pensa faz uma apresentação brilhante. É assim para qualquer pessoa que tenha alguma habilidade. Se ela for exercer a habilidade, a mente tem que ficar calma para que possa se expressar da melhor forma possível. O que os atletas, os esportistas fazem antes da competição? Se concentram. Quantos tenistas antes de sacar a bola não param porque alguém na plateia assobiou? E na meditação? Quanto mais você calar a mente, mais a meditação é de qualidade a ponto de você entrar em estado alfa e até atingir outros níveis mais profundos.

Pessoas que pensam muito são desatentas e as que prestam atenção são espertas. Portanto, o domínio da mente é fundamental. Ela só pode mover-se com o material que entrou. A entrada é mais importante que a saída. Falar e se expressar é uma virtude. Saber fazer, saber escrever e trazer alguma coisa da mente é muito importante, mas, muito mais importante, é receber. A mente precisa ser alimentada de vivências e experiências, percepções e estímulos.

Quanto mais a criança for estimulada pelos pais, mais estimulada será a concentração, mais inteligente, mais esperta ela cresce e mais vai aperfeiçoando seu domínio sobre a mente.

Criança que é pouco estimulada geralmente se torna um adulto bitolado, exatamente porque não foi provida de estímulos suficientes para ter tanta inteligência. Isso não quer dizer que não possa mudar ao longo da vida, mas a tarefa vai ser mais difícil.

Percebeu como é forte e como você se lembra com facilidade de tudo que gravou na infância? Sente determinado cheiro, imediatamente é remetido para lá. Da mesma forma, quando ouve uma música, quando sente certo sabor, quando vê tal cor. Nunca mais vai esquecer aquele corte no pé, aquela ralada no joelho. Os estímulos vão dando uma base importante. Depois de adulto, também consegue mudar a situação, mas é mais complicado e difícil porque adquiriu hábitos.

A mente sabe copiar com perfeição e copia tudo que gravou desde a infância. Um ator que ensaia nova peça, monta um personagem, trabalha com observações que vão se acumulando. Depois, na hora de representar, decora o texto, põe vida nele, forma aquela personalidade, a mente ajuda com suas cópias favorecendo muito sua atuação.

Às vezes, seu papel é tão marcante que após o término da temporada tem dificuldade de se livrar do personagem, que acaba até influenciando sua vida. A arte de representar mexe muito com o emocional. Não raro, seu bicho pode tomar aquilo como real. Se não for equilibrado, começa a ter problemas psicológicos.

Ter o domínio mental é absolutamente necessário. Assim como o bom ator que pode se transformar em tantas pessoas quanto quiser, a ponto de ninguém saber sua verdadeira personalidade quando está no palco, você precisa criar novas personalidades para se adaptar a novas realidades de vida que deseja.

Quando a mente insiste em algo, é hora de se perguntar qual a mensagem que tem ali. "Ah, estou com uma ideia de morte, ideia de morte, ideia de morte. Ai, meu Deus, o que quer dizer isso? Mente, o que você quer dizer com isso?". Não significa que alguém ou você vá morrer. Não é mórbido. É simplesmente que tem alguma morte que ela está pegando do inconsciente e está jogando para o consciente. E isso tem que ser por onde? Através da mente. O bicho vai falar com você através da mente. Se ele não consegue ter um diálogo com palavras, vai usar sensações que é do reino dele.

Por isso que, quando passei o exercício de contato, disse para visualizar o bicho trazendo uma imagem mental que o represente. Na verdade, ele não é o elefante, o cão ou leão. É apenas uma imagem que vai representá-lo no seu consciente, para que você possa dialogar com ele, que responde, através das sensações do corpo ou através da mente.

É apenas um artifício para que haja um diálogo entre o eu consciente e o bicho. É como as imagens utilizadas pela igreja católica, como a imagem de Nossa Senhora com o coração no peito derramando sangue. Tem que ser a imagem de uma mãe que sofre, que é abnegada e que traga a vida, representada pelo sangue que pinga porque ela se doa. É uma representação completamente simbólica. A imagem é tão forte, o contato é tão intenso devido à fé do suplicante, que, em alguns casos, o milagre acontece.

O arbítrio, as escolhas que ficaram na memória da mente não são só desta encarnação. As memórias permanecem lá no fundo e podem ser acessadas por vários estímulos, a qualquer momento. Se não forem acessadas, a mente fica só com o repertório desta vida. Por essa razão que você vai num lugar onde já viveu e tem aquelas sensações estranhas. Quando vêm à consciência, você tem uma nova chance de resolver alguma pendência que está emperrando sua vida.

O subconsciente tem camadas e a atual é que prevalece. As camadas das vidas passadas, que chamamos de inconsciente, ficam presas bem no fundo para não atrapalharem a vida atual, senão tudo se mistura com o consciente, e que novas chances você teria se vai permanecer na mesma desgraça? Esquecer é uma bênção para ter novo fôlego, recomeçar e se renovar constantemente.

Mesmo assim, os fatos muito fortes que provocaram traumas, tendem a surgir nesta vida porque estão muito carregados de energia que não foram diluídas. Tudo que você não acabou bem, uma hora vai emergir para você poder terminar de outra forma, melhor. Não existe carma. Existe o que você não acabou bem e volta para ser acabado no bem, pois o princípio do universo é o bem.

Minha orientação é que você pratique a meditação por uns cinco ou dez minutos. Na meditação, a mente vai mexer muito naquilo tudo, mas você precisa ficar quietinho, só olhando, não se mete, não analisa, não discerne, não interfere, não julga, não conclui, enfim, não faz nada.

Se fizer isso todos os dias, a mente vai se acalmando e fica mais obediente, pois ela está erroneamente educada, descontrolada, parecendo que tudo e todos mandam em você, mas não. É só uma questão de descontrole.

A meditação foi criada para exercitar o controle mental. Ele começa assim, de forma simples. Não é para você parar a mente. É para você não reagir, pois tudo a que você não reage, tende a enfraquecer. Não reagir significa não dar importância. Quando não se faz nada, aquilo morre. Deixe de comer, deixe de aguar uma planta para ver o que acontece. Quando você faz qualquer coisa, está alimentando, principalmente quando briga.

Não fazer nada é não resistir. Não resistindo, aquilo perde a importância e morre. Jesus já dizia: "Não resistais ao mal". A tudo que você resistir, aumenta. O símbolo da não resistência é a água porque não conseguimos conter seu percurso. Frente a qualquer barreira, ela contorna e, se houver uma barragem, ela enche o lago, transborda e um dia vai chegar ao mar.

Para fazer uma limpeza, uma higiene, para clarear, de modo que a mente possa obedecê-lo, a melhor prática é a meditação. Não precisa de todo aquele ritual com incenso, música, posições especiais. É só fechar os olhos, ficar quieto, parado numa posição que se sinta confortável e prestar atenção no que vem à cabeça, sem fazer nada.

Vem algo à mente e passa. Vem outro e passa. Você está vendo, está lúcido, mas é nada. "Ah, nada. Ah, nada". Não ligue. Não ligar é desvalidar.

É uma lucidez passiva, sem ação. Quando não quer alimentar um pensamento ruim, como você faz? Desvalida: "Ah, bobagem!".

É a mesma coisa na meditação. Quando você não age, significa que aquilo é uma bobagem sem sentido e acaba se apagando. Por esse motivo, a indiferença é uma das maiores virtudes do ser humano. Pode estar caindo o mundo lá fora que não o atinge. Quem não é atingível, pode agir sobre tudo e domina qualquer situação. Isso é educação mental. Comece pela meditação.

Procure hoje começar a dominar sua mente para que chegue cada vez mais perto de suas forças e de seus poderes para que você consiga conquistar o que quiser na sua vida, mesmo porque é um direito seu, só pelo fato de existir.

Lembre-se: só você é real, o resto é reflexo...

Rua das Oiticicas, 75 – SP
55 11 2613-4777

contato@vidaeconsciencia.com.br
www.vidaeconsciencia.com.br